이야기를 담다

이야기를 담다

멈추지 않은 도전, 세상을 바꾸는 이야기

김원경 · 김수진 · 이담 지음

매일경제신문사

나의 길을 찾고 싶을 때

사람들은 보통 '자만추'를 선호한다. 연인이 됐든 친구가 됐든 인위적인 만남보다 우연 혹은 운명적인 만남의 지속성을 믿는다. 사실 방송은 '자만추'에 반한다. 제작진의 의도와 출연진의 의사, 스튜디오의 스케줄까지 삼합이 딱 맞아야 성사되는 무척 자연스럽지 못한 인위적인 만남에 가깝다.

〈이야기를 담다〉는 최대한 힘을 뺐다. 출연자를 과대 포장하지도, 특종을 뽑아내기 위해 무리한 유도 질문도 하지 않는다. 대중의 말초적인 호기심을 자극하는 신변잡기식 인터뷰도 지양했다. 말을 적당히 토막 내 앞뒤로 편집하는 '악마의 유혹'도 뿌리쳤다. 다만 향이 좋은 차 한잔과 거실 같은 분위기의 편안한 스튜디오, 그리고 어떤 이야기든 귀담아듣겠다는 경청의 의지만 준비했다. 단출하지만 단정하게, 그래야만 〈이야기를 담다〉만의 고유한 철학과 문법들이 만들어질 거라 믿었다.

좋은 재료가 좋은 음식을 만든다. 좋은 인터뷰는 좋은 사람이 만든다. 좋은 사람과 즐겁게 대화하며 그의 속마음을 끌어내고, 한 시절의 초상화를 그리듯 차곡차곡 덧칠하는 예술적 작업을 거쳤다. 그렇게 탄생한 작품 하나하나를 이 책에 고스란히 담았다. 이 책은 인터뷰 내내 흐르던 감정의 흐름을 에세이 형식으로 적은 김수진 작가, 가장 가까운 곳에서 가장 깊은 대화를 나눈 이담 아나운서, 편집돼 방송에선 볼 수 없었던 비하인드를 다룬 김원경 피디, 출연자들의 후기와 방송 뒷이야기를 '부록'으로 엮은 김미정 작가의 글들이 순서대로 담겼다.

좌우 논리를 넘어 신념을 가진 명사, 경제적 성공을 넘어 사회적 가치를 고민하는 리더, 과학적 발견을 통해 세상의 경계를 넓히는 연구자, 그리고 자신의 삶을 스스로 개척해온 보통의 영웅들까지, 그들은 모두 저마다의 방식으로 자신만의 이야기를 만들어주었다.

그중엔 예정된 일정까지 미루고, 잠을 줄이고 시간을 쪼개어 흔쾌히 인터뷰에 응해준 이도 있었다. 물론 출연을 주저하는 이도 있었고, 단칼에 만남을 거절한 이도 있었지만 그 모든 이들이 이 책의 주인공이다.

이 책이 탄생하기까지 응원을 아끼지 않은 매일경제TV 정인철 대표님을 포함해 이원규 기술감독, 이해성 음향감독, 이상협·바준영 키메라 감독, 심유진 피디, 서주은 조연출, 김미정 작가 등 모든 이들 역시 이 책의 주인공이다.

책장을 넘기며 사람들의 여정을 따라가다 보면, 지금 나는 어디쯤 서있는지 되돌아보는 기회가 되리라 믿는다.

2025년 3월 김수진 작가

목차

나의 길을 찾고 싶을 때   4

Part 1 이번 생은 축복이었다

나태주 시인
사랑은 아프고 시는 아름답다   16

01 아프지 않은 사랑은 가짜다   17
02 모두에겐 각자의 시가 있다   20
03 그리움의 꽃, 나태주의 시가 피어나다   23
〈이야기를 담다〉, 그 후: 우리의 삶이 유쾌하지 않을지라도   26

김형석 105세 철학자
나이가 무슨 대수랴 최고령 철학자의 고백   28

01 공짜로 나이 들지 않는다   29
02 내리막길을 오르막으로 설계하는 방법   32
03 백 년을 걸어 지혜를 나누다   35

이광정 좌산 상사
난공능공의 고수   38

01 딱 하나면 족하다   39
02 난제가 가득한 삶의 지혜를 배우다   42
03 손끝의 힘, 마음을 잇다   45
〈이야기를 담다〉, 그 후: 세계의 평화와 희망을 담아   48

남진 가수
오빠 한번 믿어봐 50
01 아저씨가 될 수 없는 이유 51
02 남진, 아직 살아있다 53
03 여든 살 소녀의 오빠, 시간을 녹이다 56
너를 위해 준비했어 60

Part 2 천재의 아우라

임형주 팝페라 테너
'최초'는 '최고'가 되었다 66
01 마성의 미성 67
02 형주 님의 마흔 즈음에 70
03 '무불통달' 임형주가 부린 마법 73
〈이야기를 담다〉, 그 후: 디지털 시대 속 차 한잔의 의미 76

이세돌 9단
AI 의문의 1패 인류 대표 78
01 너 안에 박보검 있다 79
02 바둑이라는 예술 82
03 이세돌의 '마음의 한 수' 85
〈이야기를 담다〉, 그 후: 수읽기 없는 편안한 인터뷰 88

김동규 바리톤
자유와 멋을 아는 천재   90
- 01 공부하는 천재는 무섭다   91
- 02 제로백이 짧았던 천재   94
- 03 으하하하하 그 웃음의 물결   98
- 〈이야기를 담다〉, 그 후: 급변하는 시대 속, 예술가의 시선   100

현정화 탁구 감독
'얼음 미녀'의 열정 스매싱   102
- 01 콧대 높은 얼음 미녀   103
- 02 날카로운 스매싱, 따뜻한 파이팅   106
- 03 앞으로도 괜찮을 거야   109
- 〈이야기를 담다〉, 그 후: 탁구로 그린 인생의 스매싱   112

허재 전 농구 감독
허허허 허재, 농구 대통령의 스마일 슛   114
- 01 왕의 귀환을 꿈꾸다   115
- 02 불타오르던 그 시절, 이제는 chill하게   118
- 03 승부욕 화신, 열정의 악바리   121
- 〈이야기를 담다〉, 그 후: 코트 밖에서도 농구 인생은 현재진행형   124
- 이걸 진짜 듣고 오셨어요?   126

Part 3 삐딱하게, 그래서 찬란하게

이희문 국악인
착실한 날라리, 섹시한 소리꾼   132
- 01 이희문의 도발은 무죄   133
- 02 Manner maketh 이희문, 섹시함 속 섬세함   136

03 나를 다시 유혹해~ 140
〈이야기를 담다〉, 그 후: 청청 패션과 함께한 편안한 인터뷰 144

윤하 가수
문이과 융합형 가수 윤하의 무한도전 146
01 윤하여야 하는 이유 147
02 개복치, 참을 수 없는 존재의 위대함 149
03 윤하의 과학 실험실, 음악이 피어나다 152

여경래 셰프
주방 보조에서 총수까지, 여경래의 인생 레시피 156
01 맛있는 깨달음 157
02 RESPECT RECIPE, 리스펙을 만드는 레시피 159
03 칼판장, 꿈의 조각을 다듬다 162
〈이야기를 담다〉, 그 후: '불도장' 한 그릇 같은 이야기 164
TV 속 장면, 눈으로 직관? 166

Part 4 천성과 천직이 만나다

김종서 가수
원키 원톱 레전드 로커 172
01 로커로 사는 법 173
02 낭만으로의 구속 176
03 타임슬립한 무대 위의 원키 179
〈이야기를 담다〉, 그 후: 공감과 존중이 함께한 시간 182

금난새 지휘자
클래식 입은 멋쟁이 신사 — 184
01 난새의 영웅 — 185
02 훨훨 나는 파랑새, 금난새 — 188
03 금수저도, 불법체류자도 아닌 오직 금난새 — 192
〈이야기를 담다〉, 그 후: 두고두고 보고 싶은 특별한 인터뷰 — 196

김연자 가수
후회 없는 지금을 살자, 아모르 파티 — 198
01 작은 고추가 매운 이유 — 199
02 폭풍을 품은 봄바람 같은 사람 — 201
03 김연자, 운명을 춤추다 — 204
〈이야기를 담다〉, 그 후: 50년의 기억을 담다 — 208

이승철 가수
희야를 사랑한 남자, 라이브 황제 — 210
01 이승철의 첫사랑 — 211
02 마음길을 열어주는 마법사 — 213

남경주 뮤지컬 배우
매너가 사람을 만든다, 뮤지컬계 킹스맨 — 218
01 젠틀맨의 조건 — 219
02 무대 위의 별, 달빛 아래 그림자 — 223
03 형제의 꿈으로 빚은 교향곡 — 227
〈이야기를 담다〉, 그 후: 친절과 미소, 배려의 힘 — 230
이담 아카데미 개강, 별들에게 배워봐~ — 232

Part 5 걸어가니 길이 되더라

이장호 영화감독
70년대 청춘들의 페르소나   238
01 좌인호 우장희   239
02 흐르는 대로 그 길에서 만난 답   242
03 이장호의 마법 무릎, 예술이 되다   245
〈이야기를 담다〉, 그 후: 영화처럼 흐른 시간, 기억 속 충무로   248

박준영 변호사
인생도 사건도 '뒤집기 한판승'   250
01 해피엔딩   251
02 이젠 외롭지 않은 외로운 싸움   254
03 단어 하나에 담은 진심   257

강형원 사진기자
역사를 앵글에 담다, 시각적 이야기꾼   260
01 편견을 깨는 힘   261
02 대한민국을 담다   265
03 찰나의 순간 미래를 담다   269
〈이야기를 담다〉, 그 후: 사진 속에 담긴 역사, 그리고 우리의 정체성   272

송승환 배우 겸 감독
심장을 난타한 백발 아우라   274
01 동안의 조건   275
02 담담한 시선으로 묵직하게   278
03 운명의 역설, 설화 속 주인공이 되다   281
〈이야기를 담다〉, 그 후: 무대 위 연극의 한 장면처럼   284
〈이야기를 담다〉 스페셜 컷   286

Part 6 내 것보다 네 것이 소중하다

김예원 변호사
차별 없는 세상 위해 함께 걷는 변호사 — 290
01 천리안을 가진 의안 변호사 — 291
02 안 되는 걸 되게 하는 변호사 — 294
03 0원짜리 변호사, PD님 땅에 묻어주세요! — 297
〈이야기를 담다〉, 그 후: 내가 걷는 길에 불을 밝혀준 시간 — 300

명성진 세품아 이사장
위기의 청소년을 품다, 훈훈한 아빠 미소 — 302
01 주홍글씨를 지우다 — 303
02 절대적 존재, '가족'이 되어준 목사 — 306
03 '헐', '대박' 소중한 그 한마디 — 309
〈이야기를 담다〉, 그 후: 시작은 믿는 시선에서부터 — 312

김혜경 지구촌나눔운동 이사장
절대 빈곤 막는 절대 반지 — 314
01 결초보은의 품격 — 315
02 멋지게보다는 솔직하게 — 317
03 가장 역설적인 성공의 길 — 321
〈이야기를 담다〉, 그 후: 도전에서 피어난 연대의 힘 — 324

이정호 성공회 신부
차이는 있어도 차별은 없다, 이주민의 보디가드 — 326
01 이정호 신부의 덩칫값 — 327
02 이주민들의 진정한 father — 330

03 웬수 같은 신부의 기적   333
〈이야기를 담다〉, 그 후: 다르지만 동등하게, 우리가 함께 살아갈 이유   336

이지선 서울재활병원 원장
감동의 '가발투혼', 재활 국가대표   338

01 결핍의 정서   339
02 좋은 땅에서 자란 나무 그 열매   341
03 다시, 살아간다는 것의 의미   345
〈이야기를 담다〉, 그 후: 함께 걸어온 시간을 담다   348

홍정길 밀알복지재단 이사장
실천으로 완성한 기도, 희망을 틔우는 밀알   350

01 모두를 위한 해피엔딩   351
02 생존을 넘어 더 나은 삶을 위해   354
03 걷지 못한 발자국, 밀알을 심다   357

〈이야기를 담다〉, 그 후: 이야기가 열어준 또 다른 길   360

진심을 담다   362

모든 사람은 한 권의 책이다   364

Part 1

이번 생은
축복이었다

사랑은 아프고
시는 아름답다

나태주 시인

'풀꽃 시인' 나태주는 소박하면서도 깊은 시어로 사랑받으며, 사랑과 이별, 삶의 애환을 담은 시를 써왔다. 눈물과 감성이 창작의 원동력이라고 말하는 그는 '작고 유용한 시인'이 되고 싶다는 바람과 함께, 앞으로도 많은 이들의 삶에 따뜻하게 스며드는 시를 쓰고 싶다고 전한다.

01

아프지 않은 사랑은 가짜다

나태주가 사랑할 때

〈사랑할 땐 누구나 최악이 된다〉, 2021년 개봉한 노르웨이 감독 요아킴 트리에의 로맨틱 코미디 영화다. 시인 나태주는 그 반대다. 사랑할 땐 나태주는 최고가 된다. 아이러니하게도 그 사랑은 지독하게 외롭고, 서글프도록 일방적이어야 한다. 애달픈 짝사랑이어야 한다.

"마음을 뺏겨요. 그리고 그 뺏긴 마음이 안 돌아와요. 지금 내가 80세인데도 마음이 훅 갈 때가 있어요. 그리고 안 와요. 마음이 저쪽으로 가서 돌아오질 않아요. 그래서 애달프지요. 그런데 그게요 살아가는 힘을 줘요."

살다 보면 내가 원하는 것이 무엇인지, 내가 가야 할 방향이 어딘지, 촉수를 잃어 방향감각을 놓친 나비처럼 한 방향으로만 빙빙 돌다 존재감을 잃어버리는 순간, 사랑을 잃은 순간이 온다. 그런 깊은 수렁에서 빠져나오려면 또 다른 수렁에 빠져야만 한다. 그것이 바로 사랑이다.

"마음을 뺏기면요. 한 4~5년 동안 안 돌아와요. 그래서 굉장히 괴로워요."

4년에서 5년, 그렇게 오래도록 방황이 필요한 이유를 나태주 시인은 이렇게 토해냈다.

자세히 보아야 예쁘다
오래 보아야 사랑스럽다
너도 그렇다
– 나태주 〈풀꽃〉 中

책이 싫은 시인

공주 특산물, 밤 포대를 이고 오신 줄 알았다. 몸체만 한 검은 배낭을 메고 그 먼 공주에서 서울 충무로까지 거슬러 오셨다. 세월을 이고 지고 살다 보니 숙어진 어깨, 그 어깨에 들쳐 멘 검은 배낭이 영 거슬렸다.

"선생님 제가 들게요."
"아니에요. 내가 들 수 있어요."
"선생님 제가 맡아둘게요."

"아니에요. 안 무거워요."

수차례의 배낭 실랑이 끝에도 절대 내어주지 않은 그것 속엔 뭐가 들어있을까? 참다 참다 물었다.

"책이에요. 좀 두꺼워요."

책이라고? 인터뷰에선 분명 책이 싫다고 했다.

"나는 소설책을 잘 못 읽습니다. 활자가 많아서요."

최근 읽은 책이라곤 이 책 한 권이라고 했다.

"한강 작가의 《소년이 온다》를 읽었어요. 아주 아주 힘들게 읽었어요. 거의 다 읽었을 때가 밤이 되었는데 막 울었어요. 흐느껴 울었어요."

책이 싫은 게 아니라 그 책에 담긴 아픔이 싫었으리라….

그 큰 배낭을 다시 이고 떠나는 그를 점이 되어 사라질 때까지 바라보았다. 상대를 배려하고 아픔에 공감하는 나태주 시인. 그래서 그의 시어들은 마음이 데일 만큼 뜨겁다.

02
모두에겐 각자의 시가 있다

나태주의 글을 읽으며 국어사전에 몇 단어를 검색했다. 어렵지 않은 단어인데 사전을 들춰볼 때면, 아나운서로서 괜한 수치심도 동반된다.

그러고 보면 방송에서 쓰는 단어는 은근히 한정적이다. 방송은 마치 동시통역처럼 상대방이 내 말을 듣는 즉시 이해해야 성공이다. 그래서 더 풀어서 이야기하게 되고, 어렵거나 잘 쓰이지 않는 단어는 피하려 한다.

글은 다르다. 내가 표현하고 싶은 내용, 상황, 느낌에 딱 알맞은 단어를 써도 된다. 완벽한 단어를 찾기 위해 나태주 시인도 몇 날 며칠을 끙끙댔다고 한다. 시를 읽다 잘 몰라서 찾아보면, 지역 방언인 경우도 있었다. 시적 허용이라는 말이 있지 않은가. 그만큼 글은 마음껏 표현할 수 있다. 하기는 정 이해가 안 되면 잠시 책을 덮어놓고 사전을 찾아보면 되는 거 아닌가('하기는'은 나태주 시인이 자주 쓰는 단어라 써보고 싶었다).

뭉근한 담백함

들도 보도 못한 재료로 화려한 음식을 만들어 내놓아 유명해진 음식점들이 있다. 하지만 자주 보던 재료로 멋 부리지도 않았는데 말도 안 되게 완벽한 음식이 나오는 곳도 있다.
단순해 보이지만 아무나 할 수 없는 요리. 나태주 시인의 글이 딱 그런 요리 같았다. 그의 글 역시 담백했고 뭉근했다.

각자의 시

지난해 아빠가 퇴임했다. 퇴임 전시회 제목은 '우둔한 출발'. 전시회 책자에는 나태주의 시 〈세상 속으로〉의 일부가 적혀 있었다.
"이러다가 언젠가는 아주 시동이 안 걸릴 때가 올 것이다.
그래도 그때까지는 열심히 살아야지.
오래 묵은 자동차로 끌고 가듯 세상 속으로 들어간다."
나태주의 시를 통해 아빠의 마음을 알 수 있었다. 나태주의 시이지만, 아빠의 시이기도 했다.
가장 사랑하는 시를 물으면, 〈풀꽃〉을 꼽는 경우가 많다. 나태주의 시이지만, 그 시를 읽는 사람들에겐 '나의 시'가 되어있다.

나 또한 나태주의 〈풀꽃〉을 읽고 풀꽃이 달리 보였다. 세상을 어찌 그렇게 예쁘게 보시냐고 여쭤봤다.

"세상이 아름다우면 뭐하러 아름답다고 써요. 아름답지 않으니까 아름다우라고 아름답게 보라고 쓰는 거지."

참 솔직담백하시다. 나태주의 〈세상 속으로〉를 읽고 삶을 생각했다. 나태주의 〈시장길〉을 읽고 시장을 걷고 싶기도 했다.

풀꽃 같은 손

함께 사진을 찍는데, 선생님께서 손을 꼭 잡아주셨다. 두텁고 따뜻한데, 어딘가 거친 손이었다. 펜을 잡고 수많은 시를 쓴 손이다.

글을 너무 많이 써서 그런지 손가락 여기저기가 아프다고 하셨지만, 두터운 손에서 왠지 모를 힘이 느껴졌다. 풀꽃 같은 손이었다.

03

그리움의 꽃,
나태주의 시가 피어나다

 아버지가 살아계셨다면 나태주 시인과 같은 나이셨을 게다. 어머니가 팔순을 맞이하셨으니….

 이틀 전부터 가슴 한편이 설레었다. 꼭 어릴 적 돌아가신 아버지를 기다리는 것처럼, 나태주 시인에겐 그런 아련함과 애틋함이 있다. 그의 시들이 늘 누군가를 그리워하고 기다리는 마음을 담아서일까?

 오랜 기간 해외 생활하다 돌아온 친구에게, 정년퇴직하신 선배에게, 여행에서 만난 친구에게 선물해도 부담스럽지 않은 책이 있다. 나태주 시인의 《꽃을 보듯 너를 본다》는 내게 그런 책이었다. 책을 받아본 사람들도 씨익 웃게 만드는….

 그 나태주 선생님을 만난다. 책 열 권을 샀다. 방송 스태프들과 친한 지인들에게 선물할 책에 긴 시를 한 자 한 자 꾹꾹 눌러 적고 사인

을 남겨주신다. 어찌 이렇게 정성스러울 수가 있지, 책을 너무 많이 산 거 같아 죄송스럽기까지 하다.

이제 알 것 같다. 왜 그의 시가 이토록 많은 이들의 마음을 울리는지. 시인의 손끝에서 피어나는 글자마다 사람을 향한 따뜻한 시선이 담겨있다. 그것은 마치 오래전 잃어버린 아버지의 사랑처럼 깊고 그리운 것이다. 감사할 따름이다.

"잘 있노라니 그것만 고마웠다"

나태주 시인이 교직에서 정년퇴임하던 해, 쓸개가 터져 거의 죽을 뻔한 경험을 했다고 한다. 그 아팠던 것은 '악운'이었는데 나았으니 '행운'으로 바뀌었다고 말씀하신다. 건강하지 않은 지금도, 그는 '이만큼의 행복'이라는 마음으로 삶을 유지하고 있다.

나태주: 아직도 건강하지 않은데 아마도 계속 건강하지 않을 거예요. 그래도 나는 생각해요. 이나마도, 지금이라도, 이만큼이라도, 이런 데 대한 다행한 마음, 이것이 나를 유지해요. 참 감사해요. '겨우 이만큼, 겨우 이렇게' 하지 않고 '아직도 이만큼' 이렇게 바꾸지요. 그래서 나에게는 그 이만큼이 많은 축복을 줍니다.

그의 시 중에서 〈잘 있노라니 그것만 고마웠다〉라는 시가 떠오른다. 건강하진 않지만 이나마도 감사한 그의 마음, 그저 아무 일도 일어나지 않길 바라는 마음, 작지만 소중한 이만큼의 행복을 느끼게 하는 그의 말이다.

삶의 작은 것들에 대한 감사는 우리를 지탱하는 힘이 된다. 그는 '이만큼이라도, 아직도 이렇게'라는 마음으로 일상의 소중함을 일깨워준다. 아픔을 겪고 나서야 비로소 깨달은 삶의 의미는 우리에게도 큰 위로가 된다.

"잘 있노라니 그것만 고마웠다."

이 한 줄로 충분하다. 오늘 만난 나태주 시인의 모습 그대로였으니까.

─ 〈이야기를 담다〉, 그 후 ─

우리의 삶이 유쾌하지 않을지라도

처음 〈이야기를 담다〉에 참여할 때만 해도 평소의 인터뷰처럼 진행될 거라 생각했습니다. 질문에 답하고, 정해진 형식에 따라 이야기를 나누는 익숙한 흐름이 이어질 거라 예상했죠. 그런데 막상 촬영이 시작되자 예상과는 조금 다른 분위기가 펼쳐졌어요.

사실 우리의 삶은 유쾌하지 않을 때가 더 많습니다. 우울하고 짜증 나고, 때로는 화가 나기도 하죠. 하지만 〈이야기를 담다〉를 촬영하는 그날만큼은 그런 일상의 무거움이 가볍게 덜어지고, 그 속에서 유쾌함을 발견하게 해주었습니다.

촬영 내내 화기애애하고 편안한 분위기 속에서 자연스럽게 이야기를 나눌 수 있었고, 끝난 후에도 그 따뜻함과 여운이 오래 남았습니다. 어쩌면 그날의 유쾌함은 모두가 함께 노력하고, 서로의 진심이

맞닿았기 때문이 아닐까 싶습니다.

생각해보면 유쾌함은 어쩌면 순간적으로 찾아오는 감정이 아니라, 서로의 마음이 열리고 이해가 쌓일 때 비로소 만들어지는 것인지도 모르겠습니다. 그날의 인터뷰는 그런 의미에서 제게도 특별하고 소중한 순간으로 남아있습니다.

나태주

▶방송 다시보기

나이가 무슨 대수랴
최고령 철학자의 고백

김형석 105세 철학자

105세 철학자 김형석은 《백년을 살아보니》 등 다양한 저서를 통해 삶과 철학에 대한 깊은 통찰을 전한다. 윤동주, 헬렌 켈러 등 역사적 인물과의 만남을 회상하며 교육과 배움의 중요성을 강조한 그는 정년 이후에도 자기 성장과 사회 공헌을 실천하며, 일하는 삶이 곧 젊음을 유지하는 비결이라고 말한다.

01

공짜로
나이 들지 않는다

생로병사의 자연현상을 거역할 수 없는 것은 생명 있는 모든 것들의 숙명이다. 탱탱하던 이마엔 고랑이 패이고, 검은 머리에는 흰서리가 내린다. 센머리엔 억지 물을 들이고 늘어진 피부에 애써 팩을 얹어도 소용없다. 세월과 맞서 이겼다는 생명은 단 한 번도 본 적이 없다.

그런데 세월을 이긴 유일무이한 한국인을 만났다. 우리나라 최고령 철학자 김형석 교수다. 백세 시대, 백세 시대 흔히들 말하지만 진짜 100세를 넘기고도 정정한 어른을 만난 적은 이번이 처음이었다. 윤동주, 안창호, 김일성과 동시대를 살았고, 위인전에서나 볼 수 있는 헬렌 켈러를 직접 만난 살아있는 역사책, 그분은 햇수로 105년째 생을 살고 있다.

"나 자신에게 두 가지 얘기를 해요.
너 아직 늦지 않았다. 아직도 나아갈 길이 있다."

100세 이상 산 사람들이 하지 않는 세 가지가 있다고 한다. 화내지 않고, 욕하지 않고, 질투하지 않기.

반대로 꼭 해야 하는 것도 있는데, 바로 일과 공부다. 김형석 교수가 바로 그랬다.

"일하고 공부하면 성장해요. 성장하면 늙지 않아요."

105세 노교수가 세월을 이긴 비결은 아직 늦지 않았다는 긍정의 힘, 일하고 공부하며 지성의 성장판을 자극한 열정 때문이리라. 적어도 염색약, 마스크팩은 아니었으리라.

좀비가 되지 않고서야 죽지 않는 사람은 없고, 그 끝이 언제일지도 모른다. 105세 김형석 교수는 죽음의 공포마저 긍정으로 끌어안았다.

"태어나는 건 내 뜻대로 못 했어도, 죽음의 의미만큼은 내가 완성할 수 있지 않을까요?"

세월을 이기고 죽음도 초월한 대한민국 최고의 철학자, 100년 이상 오래도록 숙성한 삶의 향취에 흠뻑 취한다. 역시 공짜 나이는 없다.

02
내리막길을 오르막으로 설계하는 방법

100세가 넘는 분을 직접 만나 이야기를 나눠보는 건 처음이었다. 최근 방송에 나오셔서 이야기하시는 걸 보면 전혀 무리가 없어 보이시던데, 정말 저렇게 정정하신 걸까? 엘리베이터에서 내린 김형석 교수님은 그 흔한 지팡이도 없이 걸으셨다. 인사를 나눌 때에도 꼿꼿하게 서계셨다.

소리를 듣는 게 어렵다고 하셨지만, 말씀하시는 소리에는 힘이 실려있었다. 발음도 음성도 또렷했다. 몇 세대를 뛰어넘은 소통은 특별한 경험이 됐다.

또 무엇보다 기억력이 참 좋으셨다. 시간, 장소, 고유명사… 모두 명확하게 말씀을 하셨고, 이야기의 기승전결도 완벽했다.

나의 할아버지

외할아버지는 1930년생이시다. 군인이셨고, 키도 183센티미터에 아주 건장하셨다. 매일 운동을 하셨고, 신문과 책을 읽으며 일기도 쓰셨다.

내가 아는 한 할아버지는 절제된 기독교적인 삶을 실천하셨다. 그래서 더더욱 영원히 건강하게 사실 것만 같았다. 하지만 몇 년 전 건강이 급격히 안 좋아져 세상을 떠나셨다. 아흔셋. 할아버지의 마지막 해였다.

김형석 교수님은 무려 1920년생이다. 외할아버지보다 10년 더 일찍 태어나신 분이다. 교수님의 삶이 궁금했다. 내가 보고 경험한 건 93세까지인데…. 93세 이후의 삶, 100세 이후의 삶이 궁금했다. 지금 나의 1년과 교수님의 1년은 얼마나 다를까?

65세 이후가 진짜

나는 얼마나 오래 살게 될까? 일을 좋아하는 나로선 100세 시대가 무섭기도 했다. 아나운서라는 직업으로 나는 얼마나 일을 더 할 수 있을까? 오래 살고 싶으면서도 오래 사는 게 두려워지는 이유였다.

김형석 교수님은 정년 이후 적어도 40년을 사셨다. 그 40년은 어땠을까?

교수님은 퇴직 이후 오히려 더 넓은 세상을 만났다고 했다. 한 가지 일을 할 때보다, 더 많은 것에 관심을 갖고 더 다양하게 공부하며 살게 되셨다고…. 특히 그 상황을 '더 자유로워졌다'고 표현하셨는데, 그 말 한마디에 닫혀있던 나의 창이 열리는 기분이었다. 일상의 진리에 용기를 더해주는 말씀이었다. 더 큰 세상이 펼쳐질 거라 생각하니 더 이상 정년이 두렵지 않아졌다.

인생의 그래프

'일'이라 하면, 난 '돈을 버는 일'만 떠올렸다. 눈에 보이는 가치를 생산하는 것만이 일이라고 생각했다. 그래선지 내 머릿속 정년 이후 인생의 그래프는 자연스럽게 아래로 향했다.

하지만 김형석 교수님은 "학교 공부만이 공부가 아니다. 독서도 공부다. 직장 일만이 일이 아니다. 봉사도 일이고, 취미도 일이다"라고 하셨다.

그런 교수님은 아직도 매일 책을 읽고, 신문을 보시며, 일기를 쓰신다. 쏟아지는 강연 요청에 여기저기 강연을 하러 다니신다. 어쩜 그렇게 스스로를 바쁘게 하시는 걸까?

"관에 가져갈 수 있는 건 없어. 정신적 가치를 나눌 때 가치가 있는 거지."

나눠 주고 싶으셨던 것이다. 끊임없이 스스로를 성장시키고, 그 가치를 나눠 주고 계셨다. 인생의 그래프를 다시 한번 생각하게 됐다.

03

백 년을 걸어
지혜를 나누다

 1년이 52주니까 '오이독(伍二讀)'을 하자 결심했다. 한 주에 한 권만 읽자는 목표로 시작한 게 8년째다. 그래서인지 도서관이나 서점에서 마음에 드는 책 표지를 바라보는 것만으로도 설렌다. 어릴 적 문방구에 가서 엄마가 "골라 봐" 했을 때처럼 심장이 두근두근하고 가끔은 화장실까지 가고 싶어질 정도다. 그런데 김형석 작가와의 만남이라니 불면의 밤을 보내고 녹화장에 들어갈 수밖에 없었다.

늙는 게 아니라 성장하는 것이다

 김형석 교수의 책 《김형석, 백 년의 지혜》, 《백년을 살아보니》, 《백년의 독서》란 책을 읽었다. '백 년'이란 단어를 책 제목에 사용하기가 쉽지 않을 텐데, 그 단어를 제목으로 사용해도 손색없는 105세 철학자의 책들이었다.

김형석: 60, 70이 돼도 무엇을 위해 살아야 하는가를 찾지 못하고 방황하는 사람이 많아요. 그런 사람들을 위해 《백 년의 지혜》를 썼어요. 대학에서 정년을 마치고 나와 보니, 학교라는 강에서 놀던 물고기가 사회라는 바다에 나온 것 같았어요. 오히려 주변에 관심도 많아지고, 일도 많아졌어요. 일이 있는데도 안 하는 건 손해예요. 전 아직 성장할 곳이 남아있었어요. 나이 든다는 건 늙는 게 아니라 성장하는 겁니다.

105세, 건강의 비결을 물어보니 하신 답변이다. 그를 성장시키는 '일'이란 무엇일까? 왜 정년이 지나고도 쉬지 않고 계속 일하는 걸까? 그 원동력은 무엇일까?

김형석: 70대, 80대가 되니까 '일의 목적은 하나'라는 걸 깨달았어요. 더 많은 사람이 인간답고 행복하게 살기 위해 내가 일하는 거다. 이제는 돈을 버는 게 목적이 아니라, 벌어서 주고 싶은 게 목적이 됐어요. 내가 줄 수 있는 만큼 학문도 주고, 기술도 주고, 다 주고 가자. 경제적인 것도 주고 가자. 가난할 땐 소유를 위해서 일하고, 그다음에는 일이 좋으니까 일하고, 그다음에는 주기 위해서 일하게 됐죠.

그의 성장은 '나눔'이었다. 그의 인간애가 보인다. 일을 할수록 나눌 수 있다는 것이 그의 원동력이었다. "삶의 목표를 물질적 가치에 두는 사람은 인생을 3분의 1밖에 못 삽니다. 인간을 사랑하는 가치가 있어야 3분의 3을 사는 것이죠"라고 그는 말한다. 105세 철학자의 건강 비결은 '가지고 가는 게 아니라 주고 가자'는 마음이었다.

김형석 교수는 "나는 이제 몇 살인지 모르고 살아도 괜찮다"라고 말한다. 나눔이란 행복에 빠져있는 삶, 나이가 무슨 대수랴.

▶방송 다시보기

난공능공의 고수

이광정 좌산 상사

좌산 이광정 상사는 원불교 제11~12대 종법사로서 지엄하면서도 따뜻한 품성으로 평화와 통일, 감사의 가치를 실천해왔다. 방황하던 청년 시절을 지나, 원불교 교리 속 유무념 수행과 공부심의 철학을 바탕으로 깨달음의 길을 걸어온 그는 익산 성지 100주년을 맞이한 원불교의 세계화 노력과 함께 앞으로도 평화의 메시지를 전하는 따뜻한 지도자로 남고자 한다.

01
딱 하나면 족하다

 지드래곤은 남다른 센스를 뽐내는 패셔니스타다. 그의 패션을 돋보이게 하는 가장 중요한 소품은 바로 모자. 패션의 완성 캡 모자부터 다채로운 색상의 페도라 모자, 심플하지만 시크한 매력의 비니 모자, 보온성으로 업데이트된 털모자까지, 머리 위에 얹어만 놔도 그 모자는 완판이다.

 지드래곤 이후 이렇게 모자가 찰떡같은 패셔니스타는 처음이다. 뜨개로 한 땀 한 땀 뜬 빵모자를 쓴 원불교 지도자 좌산 이광정 상사다. 난공능공의 고수는 패션의 고수였다.

 주름마저 경이로운 인자한 인상 위에 가지런히 얹힌 빵모자. 원불교 법복의 일부일까도 싶었지만, 교무님들이 손수 떠준 뜨개 빵모자였다. 고로 한정판이었다.

추위를 막기보다는 잡념을 막기 위해 쓴 것처럼, 정수리를 감싸고 앉은 한정판 빵모자는 과하지도 화려하지도 않은, 단아하고 순결한 원불교 교리의 상징 같았다.

"무슨 일을 하든지 그냥 대충 하지 말고 내 온갖 중심을 기울여서 일심도 들이대고 거기서 지혜도 개발하면서 바른 길을 찾아서 행동을 하라, 그 말이 유념이에요."

툭 쓰니 스타일이 되는 빵모자처럼, 툭 던진 말씀은 모두의 마음을 움직인다.

단 하나의 욕심

내가 왕후의 위 보기를 과객같이 하며 금옥의 보배 보기를 자갈같이 하며 좋은 비단 보기를 헌 걸레같이 하노라

– 《사십이장경》 42장

부처님 말씀은 조목조목 다 옳다. 하지만 따르기는 어렵다. 강을 거슬러 오르는 연어만도 못하게 인간은 욕심이라는 본성을 쉽게 거스르지 못한다. 하지만 그런 어려운 걸 또 해내신다. 바로 좌산 상사님은.

"개인 통장도 교단에 반납해버리고 지금까지 내 개인 통장을 안 두고 그래요. 공적으로 죽을 주면 죽 먹고 밥을 주면 밥 먹고 그래서 공에다가 모든 걸 다 맡겨버렸어요."

로또 번호 찾듯 시황판을 지켜볼 때, SKY 헛꿈 꾸며 대치동 학원가를 배회할 때 그분은 저 먼 곳을 보고 있었다.

"젤렌스키하고 푸틴하고 형이야 고맙소, 아우야 고맙소 그랬으면 전쟁이 났겠어요?"

02
난제가 가득한 삶의 지혜를 배우다

나는 삶을 '죄'라고 하는 기독교와 달리 불교는 삶을 '고'라고 하더라 정도만 알고 있었다. 원불교에 대해선 부끄럽게도 이제야 알게 됐다.

우주의 궁극적 진리를 상징하는 원, 그 진리를 깨닫는다는 불, 그 깨달음을 가르친다는 교. 그런 원불교는 삶을 '은혜'로 본다고 했다. 이런 바탕을 가진 종교의 지도자를 했던 분은 어떤 사람일까.

난행능행(難行能行, 해내기 어려운 것을 기어이 해냄)

1994년부터 2006년까지 종법사를 지내던 시절, 좌산 상사님은 교단을 성숙시키고, 세계적 종교로서의 위상을 확립하는 데 주력했

다고 한다. 당시 원불교는 원음방송을 개국했고, 군종장교를 승인받고, 해외에 무료 구제병원도 지었다.

상사님은 UN에서 세계 평화의 이념 구현을 위해 연설하기도 했다. 내외형적으로 성장을 크게 이뤄낸 셈이다. 기업으로 치면 큰 발전을 이룬 기간으로 보인다. 그래서일까? 괜히 상사님이 기업가 같은 깐깐한 면모를 보이지 않을까 생각했다.

난공능공(難空能空, 비우기 어려운 것을 비움)

게다가 좌산 상사님은 무서운 종법사셨다고 한다. 무거운 자리였기에 그래야만 했다고 하셨다. 인터뷰 날 뵙게 된 상사님은 흰 눈썹을 휘날리며 미소 짓는 산신령 같으셨다. 얼굴에는 평안함이 묻어났다.

종법사 퇴임 후, 상사님은 익산의 미륵산 구룡마을에 오자마자 시간만 나면 쓰레기를 주웠다. 관광객이 어질렀던 그 마을은 상사님이 오신 후 결코 어지를 수 없는 마을이 되었다고 한다. 지금도 상사원에 머물며 정원을 관리하고, 밭을 가꾸고, 청소도 직접 하신다고 한다. 상사님은 사은의 교리에 의해 부지런하게 살아야 한다고 하셨다.

잠시도 멈추지 않고 흐르는 물처럼 살고 계셨다. 삶은 은혜니까 조금도 그냥 보낼 수 없다고 하셨다.

난지능지(難知能知, 알기 어려운 것을 기어이 알아냄)

상사님과의 인터뷰에서 가장 많이 나왔던 주제는 사실 '통일'이다. 상사님은 옳은 일이라면 포기하지 않고 계속 공부하면 결정적 영감이 떠오른다 하셨는데, 통일에 정말 진심이셨다. 상사님은 일생을 평화, 통일 운동에 전력했다고 해도 과언이 아니다. 방법은 떠올랐는데, 이제 이를 실천해줄 사람들이 필요하다고 힘주어 말씀하셨다.

마음공부

난행능행, 난공능공, 난지능지. 좌산 상사님의 책 《마음공부》에 나오는 말들이다. 상사님과의 대화는 마치 흐르는 맑은 물로 마음을 정화하는 시간 같았다.

"자투리 시간도 허투루 쓰지 않고, 사사로운 것도 티끌만큼도 있어선 안 되겠다. 삶은 은혜니까… 보은하며 살아야 하니까."

종교는 달라도 마음을 울리는 말이었음엔 틀림이 없었다. 마음공부 시켜주셔서 고맙습니다.

03

손끝의 힘, 마음을 잇다

    게스트를 마중 나간 건 처음인 것 같다. 지방에서 올라오시고 연세가 있으신 것도 있지만 한 종교의 어르신이 오신다기에 괜스레 공손해지고 약간 긴장된 마음으로 기다렸다. 충무로 사거리, 멀리서도 하얀 법복을 입으신 상사님이 눈에 들어온다. 앗, 그런데 모자와 선글라스까지… 멋있으시네.

    길까지 마중 나가 부축해드리려고 손을 잡는다. 손이 생각보다 크게 느껴진다. 큰일 하시는 분이라서 그런가? 꼭 잡아주시는 손에서 따뜻함과 정이 밀려온다. 순간 여러 감정이 교차한다. 뭘가 품어주시는 듯한 손길이다. 어떤 영력이 작용해서 그런가 싶기도 하다. 일을 많이 하신 손이라 거친 것 같은데 왜 이렇게 부드럽게 느껴지는 걸까? 마음이 느껴지는 손이다. 직업상 수많은 악수를 했는데 찰나의 순간에 이런 감정이 올라오는 게 신기할 따름이다.

밤만큼은 쉬게 해줘라

이광정 상사: 종법사가 6년이 1기인데 2기를 했으니까 아이고~ 2기를 하고는 나도 이제 할 만큼 했으니까 "그만 좀 물러나야겠다"고 했어요.

원불교 최고지도자, 종법사로 임기를 2번, 12년 동안 일하시고 상사로 물러나셨다. 얼마나 많은 사람이 그의 손을 잡고 싶었을까…. 잠깐만 눈을 맞추고 이야기를 나눠도 마음이 이렇게 평안해지는데 상사님을 뵙고자 찾아온 사람들이 많았을 게다.

이광정 상사: 종법사 시절에 사람들한테 많이 휘둘렸어요. 사람들이 와서 보자고 하는데 내버려두면 밤까지도 내 시간이 없게 돼서 "밤만큼은 나를 쉬게 해달라"고 사정을 했어요. 낮에는 마음대로 부려먹더라도 밤만큼은 쉬게 해줘라. 나중에는 날마다 시달리는 것도 힘들어서 일주일에 한 번은 쉬게 해달라고 했어요. 쉬는 날 그냥 산으로 가서 내 마음대로 산에 돌아다니다 오고 그랬어요.

'밤만큼은 쉬게 해달라.' 12년 종법사의 고된 삶이 느껴진다. 《삼국지》에 나온 유비를 보면 그의 인품에 반했다고 한다. 어려운 환경 속에서도 사람들을 끌어모으고, 그들의 마음을 사로잡는 뛰어난 리더십을 지녔던 인물이다. 유비를 바라보듯, 상사님을 보고 마음이 동한 사람들이 얼마나 많았을까.

녹화가 끝난 후, 무람없이 손을 다시 잡아본다. 왜 이렇게 손을 덥석 잡고 싶었을까? 끌리듯… 서로 끌어당기고 붙잡는 '장력'이란 게 있다고 한다. 순간 그런 장력의 힘이 작용했던 것일까? 기억에도 없는 자상한 외할아버지를 만난 기분이었다. "손잡으니까 너무 좋아요"라는 말에 함께 오신 분이 "좋은 기운 많이 받아 가세요"라고 이야기하신다.

종법사 삶을 마친 후에도 보은의 교리로 삶을 부지런히 사시는 상사님. 밤만큼은 쉬게 해달라 했던 그의 간절함이 가슴 한편을 울린다. 한 사람의 영혼을 위로하기 위해 자신의 영혼을 내어준 시간들. 그의 손끝에서 느낀 따스함은 어쩌면 수천 개의 아픔을 어루만진 영혼의 무게였을 게다. 종법사 12년의 세월이 남긴 영혼의 지문이 내 마음 깊숙이 새겨진다.

> 〈이야기를 담다〉, 그 후

세계의 평화와 희망을 담아

매일경제TV의 〈이야기를 담다〉에 출연했는데, 마치 할아버지가 손녀딸과 옛날이야기를 나누는 것처럼 편안한 마음으로 대화를 이어갈 수 있었습니다.

다만 인터뷰 질문에 답하다 보니 중요한 시간을 사사로운 이야기로 보내게 된 건 아닐까 하는 마음에 아쉬움이 조금 남습니다. 온 세상을 더 잘살게 하고 싶은 제 간절한 마음이 있는데, 그런 큰 이야기를 전부 전달하지 못한 것 같아 이후 아쉬운 마음이 들었습니다.

제가 상사가 된 이후에는 남북이 평화적으로 통일되기를 염원하며 준비하고 있습니다. 무엇보다도 피 한 방울 흘리지 않고 통일되어야 한다는 것을 국민 모두와 국정 책임자들에게 끊임없이 알려주고 싶습니다. 통일이 단지 우리 민족의 숙원이 아니라, 더 나아가 온 세계의 평화에도 중요한 메시지를 줄 수 있는 길이라고 믿습니다.

또한 상사가 된 이후 우리 교역자들이 건강하게 살기를 바라는 마음으로 건강관리도 돕고 있습니다. 교역자들이 건강해야 그들이 사람들에게 선한 영향력을 줄 수 있고, 이 세상을 더 나은 방향으로 이끌어갈 수 있을 테니까요.

우리 원불교 선진님들께서는 "대한민국이 온 세계의 정신 지도국, 도덕의 부모국이 될 것이다"라고 말씀하셨습니다. 이를 위해 종교인들이 해야 할 일이 참 많습니다.

개인 수행은 당연한 것이고, 각 종교인들은 모든 사람이 더 잘 살 수 있도록 바른 믿음과 바른 수행을 안내하고 지도해야 합니다. 이런 역할을 종교인들이 제대로 다할 때, 비로소 이 나라는 물론이고 전 세계가 모두 함께 잘 살아갈 수 있을 것입니다.

이광정 상사

▶방송 다시보기

오빠 한번 믿어봐

남진 가수

한 시대를 풍미한 스타, 가수 남진은 수많은 히트곡으로 대중의 사랑을 받으며 '오빠'라는 애칭의 원조로 불린 한국 가요계의 전설이다. 〈가슴 아프게〉, 〈둥지〉, 〈님과 함께〉 등 시대를 대표하는 명곡들을 남긴 그는 데뷔 60주년에도 여전히 신곡을 발표하고 전국 투어 콘서트를 이어가며 팬들과의 만남을 이어가고 있다.

01
아저씨가 될 수 없는 이유

목욕탕 거울을 보며 가슴에 힘주면 오빠, 배에 힘주면 아저씨. 덥다고 윗단추 풀면 오빠, 바지 걷으면 아저씨. 술 먹고 돈 걸으면 오빠, 서로 낸다고 하면 아저씨. 식당에서 물수건으로 손 닦으면 오빠, 얼굴 닦으면 아저씨. 오빠와 아저씨는 한 끗 차이 같지만 사실 느껴지는 괴리감은 동쪽 끝에서 서쪽 끝이다.

시간이 흐르고 유행이 지나도록 평생 오빠로 사는 건 불가능하다. 하지만 그 힘든 걸 해낸 사람이 바로 가수 남진이다. 1965년 1집 앨범 〈서울 플레이보이〉로 데뷔했을 때부터 2025년 60주년 전국 투어에 나선 지금 이 순간까지 단 한 번도 오빠가 아닌 적이 없다.

"'황제'나 '가왕'이라는 대단한 수식어보다 '오빠'라는 수식어가 더 좋아요. 제가 데뷔한 이후 오빠부대가 처음 생겼거든요."

가수 남진은 패션, 헤어스타일, 그리고 피부까지 이른바 오빠 삼박자를 두루 갖췄다. 방송국을 찾은 그날도 그랬다. 고급스럽게 태닝된 갈색 가죽 재킷은 '꾸안꾸'의 정석을 보여주었고, 살짝살짝 비치는 회색 머리카락은 센머리가 아닌 헤어 브릿지로 보였으며, 눈가의 주름은 고된 세월의 흔적이라기보다 여유를 잃지 않았던 행복한 삶의 궤적으로 보였달까?

데뷔 60년을 맞은 가수 남진의 꿈과 데뷔 60년을 지켜본 팬의 꿈은 같다.

"떠날 때까지 영원한 오빠이고 싶어요."

'라떼 시절'을 얘기해도 꼰대 같지 않고, 60년이 지나도 춤사위가 어색하지 않으며. 팔순의 나이에도 여전히 무대에서 빛난다. 가수 남진이 대한민국에서 절대 아저씨가 될 수 없는 이유다.

02

남진, 아직 살아있다

은빛 정열의 사나이

2024년 2월 가수 나훈아의 은퇴 선언 소식을 뉴스로 전했다. 이 소식에 남진이 여러 번 소환됐다. 전설의 라이벌, 남진과 나훈아. 나훈아와는 반대로 남진은 올해 데뷔 60주년 콘서트로 오히려 활발한 활동을 예고하며 팬들을 설레게 했다.

2025년의 남진과 나훈아의 행보는 그들의 음악 스타일과도 닮아 있었다. 나훈아는 은퇴 소식으로 팬들에게 그리움을 남겼다. 흔히들 얘기하는 나훈아의 음악처럼 서정적으로, 애틋한 정서를 남겼다.

한편 여전히 흥을 돋워주고 파워풀한 무대를 보여주는 남진은 자신의 곡 〈오빠 아직 살아있다〉처럼 여전히 살아있음을 보여줬다.

남진의 춤과 함께

남진의 무대는 꽤나 화려하다. 단추를 몇 개 풀어헤친 셔츠를 입고 현란한 스텝을 밟는 모습은 여느 아이돌 무대 못지않다.

남진의 스텝을 실제로 보고 싶었다. "저 그 스텝 가르쳐주세요"라고 하니, 인터뷰 끝나고 친절하게 알려주셨다.

"선생님이랑 제가 춤을 다 춰보다니!"

통통다닥 쿵 따. 스텝을 가르쳐주시며, 발만 움직여선 안 되고 상체도 같이 흔들어야 한다고 강조하셨다.

빈 잔을 고독으로 채워

또 다른 무대에선 고독함을 공유하기도 했다.

〈빈잔〉 무대에선 "외로운 사람끼리 아~ 만나서 그렇게 또 정이 들고" 이 부분의 '아~'를 정말 읊조리듯 내뱉으시기도 했고, "어차피

인생은 빈 술잔 들고 취하는 것"에서는 '빈 술잔' 후에 잔을 들고 있는 손 모양을 하고, 한잔 툭 털어 넣는 느낌으로 '톡' 소리를 내신다. 관객들과 정말 잔을 들고 같이 한잔하는 느낌이랄까.

남진에게 둥지를 틀어

다큐멘터리 영화 〈오빠 남진〉의 출연자들이 '남진의 마지막 무대'에 대해 이야기하는 장면은 참 인상 깊었다.

"그 춤추고 다리 떨기는 90 넘어서도 하시지 않을까."

"마지막 무대는 없을 것 같다."

"영원할 것 같다."

우리나라 유행가요의 뿌리 같은 존재이기에. 많은 이들이 남진 선생님에게 이미 둥지를 틀었다.

데뷔 60년. 남진 선생님의 목소리가 들린다.

"봐라, 지금부터 쇼타임이야. 알았제?"

03
여든 살 소녀의 오빠, 시간을 녹이다

이담 아나운서와 함께 한국 대중문화의 산증인을 만났다. 서태지와 아이들, 이승철, 이현우, Y2K, 리아, 쥬얼리까지 시대를 관통하는 아티스트들과 작업한 신현빈 기획사 대표. 그와 함께한 시간은 연예인들의 에피소드로 가득 차 웃음이 넘쳤다.

저녁 식사 자리가 무르익어 가자 "누굴 섭외하고 싶어 이리 오셨나?" 하고 물으신다. 망설임 없이 '남진'이라는 이름을 꺼냈다. 그렇게 우리는 트로트의 전설을 스튜디오에 모시게 되었다.

주차 등록 차량만 6대, 얼마나 많은 스태프가 오는 걸까? 녹화 한 시간 반 전, 남진 선생님과 그의 스태프들이 도착했다. 코디, 메이크업팀, 기획사의 매니저와 실장, 이사, 대표까지 선생님과 함께 움직이는 그들은 대회의실을 가득 채웠다. 그를 향한 존경과 애정이 묻어나는 듯해 더 조심스럽고 귀하게 다가왔다. 메이크업을 받는 동안 선생님과 이야기를 나눠본다. 흥이 나셨는지 벌써 말씀이 맛깔나게 재미있다. 스태프들이 말린다. "선생님 여기서 녹화하시면 안 됩니다~~" 녹화가 기대됐다.

운칠기삼? 아니 기칠운삼의 남진

팔순이 되신 어머니는 남진의 콘서트를 보고 "오빠 여전하시더라"라고 말씀하셨다. 가수와 나이가 비슷하신 어머니는 남진을 생각하며 소녀처럼 웃으셨다.

녹화 준비를 하며 60주년 기념 앨범 〈내 사랑 시〉를 들어보았다. 첫마디부터 마음을 사로잡는 그 노래에 나도 모르게 "이 오빠 노래, 정말 좋네"라고 속삭였다. 나이가 들어가고 있는 걸까, 아니면 요즘 트로트 열풍의 힘일까?

모녀에게 '오빠'라 불리는 가수 남진, 그의 일생을 돌아보았다. 첫 히트곡을 주셨던 김영광 작곡가와 허리춤을 가르쳐주신 KBS 안무가 이인범 선생님. 죽을 고비를 넘겼지만 그 경험이 인생의 큰 밑거름이 되었다던 베트남전. 그 베트남까지 파김치를 보내주셨던 어머니. 영원한 라이벌이었던 나훈아의 이야기까지, 그 모든 순간은 행운이었고 감사하다고 회고했다.

남진: 삶이라는 게 파도예요. 올라갔다 내려갔다 그런 굴곡이 있는데 그 어려웠을 때, 그때가 참 중요한 것 같아요. 근데 다행히 운이

좋았던 것은 그때 꼭 좋은 분들을 만나요. 운칠기삼이라는 말이 있어요. 주위에 좋은 분들을 만나는 게 행운이고 복이라고 생각합니다. 저는 가수로서는 누구보다도 그런 복이 많은 가수라고 생각합니다.

모든 게 좋은 사람을 만나 운이 좋았다 말하는 남진. 하지만 그에게 다가온 수많았던 불운을 행운으로 바꾼 건 바로 그 자신일 것이다.

"내가 죽으면 가장 먼저 달려올 후배" – 원로 가수 쟈니리
"무명의 나를 살린 은인이자 롤모델" – 가수 설운도
"남자가 봐도 정말 멋진 상남자" – 가수 박현빈

– 온테이블·남진, 《오빠 남진》 中

그가 뿌린 진심의 씨앗, 주변인들은 그를 이렇게 기억했다. 역경을 기회로 승화시킨 것은 그의 내면의 힘이었다. 그가 그들을 어떻게 아끼고 사랑했는지 알 수 있다. 씨 뿌린 대로 거둔 것이리라.
어떤 '가수 남진'으로 남고 싶냐는 질문에 남진은 말한다.

남진: 팬들과 아주 가깝게, 정겹게, 즐겁게 지냈던 가수였다. 닿을 수 없는 스타보다 닿을 수 있는 오빠, '영원한 오빠' 그 한마디가 그냥 가슴에 확 와닿지요. 가슴속에 어떤 긍지라고 그럴까, 한 시대의 오빠라는 그런 칭호를 받고 활동을 했었다 하는 긍지가 있어요. 영

원한 오빠로 남고 싶다 생각하죠.

트로트의 전설이라 불려도 부족함이 없는 남진은 그저 소박한 '오빠'란 이름으로 남기를 원한다. 얼마 전 개봉한 그의 다큐멘터리 영화 제목도 '오빠 남진'이다. 정식 팬클럽이 없던 시절, 남진은 국내 최초 첫 팬클럽을 탄생시킨 장본인이다. 그야말로 오빠부대가 처음 시작되었고 최초의 아이돌 가수였다. 그는 여전히 여든 살 소녀의 눈에도, 〈내 사랑 시〉란 노래에 반해버린 젊은 PD의 감성에도 '영원한 오빠'이다.

사랑의 시를 쓰다가 울었다
미완성 내 사랑이 아파서

책상에 던져진 코트를 걸치고
무작정 길 따라 거리에 나섰다

– 〈내 사랑 시〉 가사 中

▶방송 다시보기

너를 위해 준비했어

추억 꾹꾹 눌러 담은 '토퍼'

녹화가 끝나면 출연자들에게 전해지는 특별한 선물이 있다. 기념은 되지만 기념품이라기엔 너무 특별한 선물, 출연자들의 이름과 직함이 새겨진 아기자기한 토퍼다.

한번 쓰면 버려지지 않고 추억으로 간직할 수 있는 소품을 찾자던 담당 피디의 아이디어였다. 내 이름이 적힌 토퍼, 녹화 후 출연료는 안 챙겨도 토퍼는 챙겼다는 후문이다.

멀리서 보면 보석함, 가까이서 보면 안주통?

또 하나의 인기 아이템은 '담담담 코너'에 등장하는 보석함이다. '담담담'은 출연자가 '진담', '후일담', '추억담'처럼 '담'으로 끝나는 단어를 고르면, 그에 맞는 질문으로 더 진솔한 이야기를 이끌어낸다.

이때 그 단어가 보석함에 담겨있다. 출연자들은 보석함을 여닫으며 어린 시절 소꿉놀이를 떠올리거나 "공주가 된 기분이에요!"라며 추억에 젖기도. 다만 가수 이승철은 "술 안주 담으면 딱인데?"라며 주당(?)의 면모를 발휘했다.

우리의 묘미는 '추가 인터뷰'

〈이야기를 담다〉는 인물의 삶을 깊이 들여다보는 인터뷰 프로그램인 만큼, 때로는 마음 깊이 묻어둔 이야기가 자연스럽게 흘러나오기도 한다. 공식 인터뷰가 끝난 뒤에는 작가와 출연자가 단둘이 나누는 추가 인터뷰가 이어진다.

카메라 앞에서는 꺼내지 못했던 진짜 속마음이 터져 나오기도 하고, 뜻하지 않게 눈물을 보이는 출연자들도 적지 않다. 그만큼 〈이야기를 담다〉는 단순한 대화가 아닌, 한 사람의 인생을 담아내고 있다. 덕분에 '여기에서만 들을 수 있는' 특별한 이야기들이 탄생한다.

동화 같은 스튜디오 분위기 비결!

〈이야기를 담다〉 특유의 편안한 분위기를 완성하는 동화 같은 배경. 핑크빛 노을, 푸른 파도, 고요한 밤하늘이 따뜻한 색감으로 어우러져 마치 동화 속 한 장면 같다.

출연자의 정체성을 은근하게 드러내는 색은 이야기의 온도까지 바꿔놓는다. 스튜디오에 들어선 출연자들의 마음을 가장 먼저 여는 장치다.

아기자기한 보석함과 예쁜 의자까지 더해지면 분위기는 한층 더 따뜻해진다. 그래서일까. 전 농구 감독 허재는 "이담 아나운서랑 맞선 보는 줄 알았어요~"라며 너털웃음을 지었다. 자연스레 마음이 열리는 공간, 그래서 더 진솔한 이야기를 만날 수 있는 인터뷰이다.

문화 인사는 분홍색, 스포츠 인사는 하늘색, 정치 사회 인사는 파랑색, CEO는 초록색

Part 2

천재의
아우라

'최초'는
'최고'가 되었다

임형주 팝페라 테너

국내 최초 팝페라 테너 임형주는 만 12세의 어린 나이에 데뷔해 지난 26년간 변함없는 미성과 깊은 감성으로 대중과 호흡해왔다. 뉴욕 카네기홀 공연과 UN 평화 메달 수상, 영국왕립예술학회 종신 석학회원 선정 등 세계 무대를 누빈 그는 이제는 후배들을 위한 무대를 준비하며 새로운 문화의 길을 열어가고 있다.

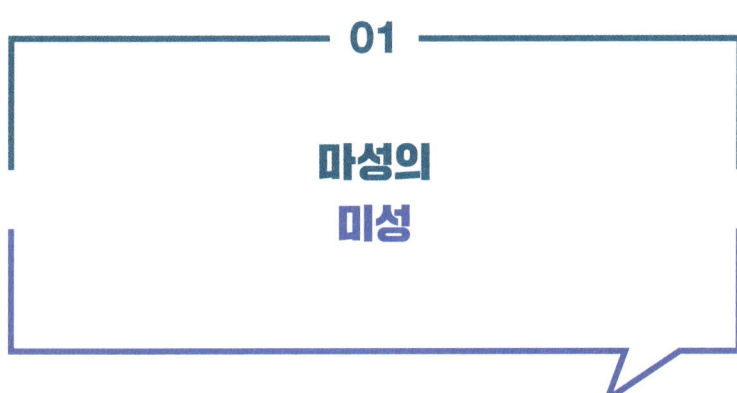

참 잘 컸어요

잘 큰 아역배우 출신들이 안방극장을 꿰찼다. 역변 없이, 사고 없이 외모 그대로 몸만 큰 아역배우를 보면 안 먹어도 배가 부르다. 역변의 비극을 피한 이들이 어디 배우뿐이랴. 열두 살 미성의 목소리로 온 국민을 한 큐에 녹다운시킨 소년, 우리는 그때 〈마법의 성〉을 부른 어린 임형주를 처음 영접했다.

"방송 다음 날 동네 슈퍼에 자전거 타고 갔는데 사장님이 저를 보고 '난 니가 노래를 그렇게 잘하는 줄 몰랐다'면서 바나나 우유를 서비스로 주셨어요."

〈마법의 성〉을 부르던 열두 살 꼬마는 아이러니하게도 아무리 나

이가 들어도 늘 최연소, 최초의 삶을 살았다. 17세였던 2003년, 뉴욕 카네기홀 역사상 세계 남성 성악가 중 최연소로 독창회를 열었다. 세계 무대에 데뷔를 한 이후 삶은 더 화려했다. 소니뮤직(2003), EMI뮤직(2007), 워너뮤직(2010), 유니버설뮤직(2014) 등 세계 4대 메이저 음반사와 모두 독집 앨범 유통 계약을 체결한 최초의 한국인 아티스트란 대기록도 세웠다.

이른 데뷔 탓에 나이 가늠도 어렵다. 대통령 취임식 때 애국가를 부르고, 정치권 러브콜을 받고, 로마시립예술대학 석좌교수라니, 못해도 마흔은 되었으려나 싶지만 아직 30대다.

세월이 비껴간 앳된 얼굴로 음악만 무르익은 데뷔 26년의 팝페라 테너 임형주, 정말 잘 컸다.

콤플렉스에서 '콤' 자를 뺐더니

임형주는 키가 아주 크지 않다. 과거 힐을 신은 임형주의 모습을 봤을 땐, 키가 그의 콤플렉스일 거라고 내 식대로 생각했다. 그런 편견을 가진 채 임형주를 다시 만났다. 가장 먼저 눈길이 간 건 역시 신발, 하지만 그는 힐을 신지 않았다. 콤플렉스에서 '콤'을 떼면 '플렉스'가 되듯, '힐'을 빼고 임형주를 바라보니 진짜 임형주가 보였다.

"종로구에 세계 최초의 팝페라 하우스를 오픈합니다."

무대 잃은 팝페라 후배들 위해 그야말로 '플렉스'한 임형주. 데뷔의 장을 열어주기 위해 무려 200석 규모의 공연장을 지었다. 미국 뉴욕의 메트로폴리탄 오페라하우스, 호주 시드니의 오페라하우스도 울고 갈 세계 최초의 팝페라 전용홀의 탄생! 임형주가 정말 임형주했다.

'거세설', '성전환설' 등 각종 루머들도 역시 임형주에겐 콤플렉스가 되지 않았다. 화끈하게, 강렬하게 군필자의 플렉스를 보여주었다.

"고자면 군대를 못 가요."

02
형주 님의 마흔 즈음에

임형주도 사람이네

팝페라 가수 임형주에게는 루머가 있었다. 여성호르몬 주사를 맞는다느니, 거세를 했다느니…. 임형주의 음성이 얼마나 남달랐기에 그런 루머가 있었을까. 이런 루머에 대한 질문에 임형주는 "저 군대 다녀왔잖아요"라고 했다. 불편한 주제에도 넉살 좋게 답하는 그였다. 웃어넘기면서도 그런 루머가 분명 나쁘다는 것도 짚어줬다. 어린 마음에 생채기처럼 남아있는 상처는 씻을 수 없다며, '아팠다'고 솔직히 고백했다.

인터뷰 전, 그의 군 생활은 어땠을지 궁금해서 찾아봤다.

너무 낯설었다. 빡빡머리 임형주라니! 하지만 신기한 건 주변 동

출처: 임형주

기들과 오묘하게 이질감이 없었다는 것이다. 서른 살의 임형주가 거의 열 살 가까이 어린 친구들과 함께 포즈를 취하고, 장난꾸러기 같은 표정을 짓고 있었다.

아! 사람이구나. 임형주도 사람이야.

죽어도 못 보내! 나는 반댈세

임형주의 대표곡이라고 하면 〈천개의 바람이 되어〉가 떠오른다. 이 곡은 세월호 희생자 추모의 대표곡처럼 쓰였다. 그 이유로 임형주에게 정치적 색깔이 씌워지기도 했다. 하지만 그는 정치적 이념 없이 순수한 마음으로 추모했다고 말하곤 한다.

사실 그는 총 10명의 전현직 대통령 앞에서 애국가를 독창한 기록을 가졌다. 그리고 정치권에서 여야 가리지 않고 그에게 러브콜을 보내고 있다.

처세 좋은 사람에게 흔히 "정치하면 잘하겠다"고 한다. 임형주도 얼핏 그런 사람 같아 보인다.

그는 정치권 러브콜에 흔들렸다고 말한다. 미래는 모르는 것이니 "안 할 거다"라고 딱 잘라 말하지도 않겠다고 한다. 그런 그의 눈빛에서 흔히 여지를 남기는 다른 정치인의 빛깔은 전혀 느껴지지 않았다. 그냥 순수하게, 정말 진심으로 하는 대답이었을 뿐이다.

그는 다른 인터뷰에서 분명 "프로페서보다는 플레이어로 남고 싶다"고도 했다.

그가 스튜디오에서 보여줬던 감동, 진심이 생각나 아무것도 이를 건드리지 않았으면 좋겠다는 생각이 들었다. 그만이 할 수 있는 아름다운 음악이 어떤 의미에 가려지지 않기를 바라는 마음이다.

HyungJu Lim이라 쓰고, 형주 님이라 읽는다

드라마 작가 김수현 선생님이 임형주에게 이런 말을 한 적이 있다고 한다.

"너 열심히 살았다. 거의 팔순 노친네도 이만큼 이루기 힘들어."

내일모레 마흔인 임형주지만, 그 인생 남들의 두 배로 살아서 여든 같았구나. 분명 내 또래가 하는 이야기들인데, 듣고 있으면 순간 어르신과 대화하는 느낌마저 들어 혼자 히죽였다.

03

'무불통달'
임형주가 부린 마법

　임형주는 얼굴은 아직도 어린아이처럼 순수한데, 그의 말은 세상을 다 알아버린 현자처럼 깊은 울림을 지니고 있었다. '무불통달(無不桶達)'이라는 말처럼, 그는 무슨 일이든지 환히 통하여 모르는 것이 없는 사람 같았다. 이렇게 깊이 있는 이야기를 할 수 있기까지 얼마나 많은 것들을 경험하고 다양한 사람을 만났던 것일까?

내겐 너무 친절한 형주 씨

　어린 시절부터 어른들 틈에서 지낸 임형주는 '감정을 남에게 피해 주는 곳에 쓰면 안 된다'는 철칙을 세웠다. 아무리 힘든 일이 있어도 자신의 감정을 드러내지 않기로 결심했다. 기분이 좋지 않은 상황에서 전화가 와도, 심지어 그 전화가 광고 전화나 보이스피싱일지라도 매우 친절하게 응대했다.

임형주: 저는 후배들에게 이렇게 말해요. "너희들이 어린 나이에 대우받는 것은 사실 그 알토란 같은 재능 덕분에 과대 평가받는 것이다. 무대가 아닌 곳에 그 감정을 갖고 오지 말아라. 그렇게 하면 본인만 불행해진다." 인기는 바람과 같아서 금방 사라지기 때문이죠. 늘 내가 톱스타일 수는 없어요. 제가 소위 말하는 인생의 정점에 서 있었을 때도 온 앤 오프를 확실히 하려고 노력했던 것 같아요.

약 20년간 PD로 방송하면서 이렇게까지 친절한 출연자는 처음이었다. '내겐 너무 친절한' 임형주. 이래서 탑인가 보다, 여전히···.

마법 같은 순간을 노래하다

세계가 인정하는 목소리, 임형주의 노래를 안 들어볼 수 없었다. 〈천개의 바람이 되어〉 노래를 부르고 난 후, 임형주는 환경이 갖춰지지 않은 곳에서 노래하는 것은 힘들지만, 진심을 담으면 그 공간을 카네기홀로 만들 수 있다고 말한다.

임형주: 제가 옛날에는 공연장을 정말 따졌어요. '나는 무조건 예술의전당 아니면 독창회 안 하고, 적어도 세종문화회관이나 국립극장처럼 음향 시스템이 좋은 곳 아니면 안 해. 그런데 이제는 제가 있

는 곳을 카네기홀처럼 만들면 되는 거예요. 그 자리, 그 시간, 그때를…. 저는 노래에 항상 진심을 담아요. 그 순간만큼은 초집중합니다. 천 개의 바람이 되어 한 장면처럼 들어가서….

이담: 저는 원래 눈물이 없는 편이거든요. 근데 이 노래 듣고 울었습니다.

임형주의 눈물 버튼은 '진심'이었을 것이다. 진심이 전해지면 공간이 바뀐다. 세계적으로 유명한 공연장에서 수많은 무대를 경험한 임형주. 마흔을 앞두고 깊이를 더해가는 그의 음악은 장소의 경계를 허물고, 어디서든 마음의 울림을 선사한다. 그는 어떤 환경에서도 자신의 진심을 담아 노래하며 그 순간을 특별하게 만들어낸다. 이는 임형주가 부린 마법이지 않을까?

> ―〈이야기를 담다〉, 그 후―
>
> # 디지털 시대 속
> # 차 한잔의 의미

바쁜 현대사회에서 사실 누군가와 차 한잔을 두고 여유롭게 담소를 나눈다는 게 점점 어려운 일이 되고 있잖아요. 시간적 제약뿐만 아니라 사람들과의 소통 방식도 변화하면서, 진심을 담은 대화가 점점 줄어들고 있죠. 대표적인 예로 가족들끼리 식사할 때조차 바로 코앞에 있는 사람과 카카오톡 메시지로 대화한다는 우스갯소리가 나올 정도로, 우리는 디지털 커뮤니케이션 세상 속에 깊이 빠져있다고 생각해요.

이러한 사회 속에서 토크쇼 〈이야기를 담다〉의 가장 큰 매력은 인간과 인간 사이의 본질적인 관계를 회복할 수 있는 소통의 시작점을 제공한다는 점이에요. 저는 차 한잔을 두고 나누는 담소가 사회에서 마음을 나누고, 친분을 교류하며 관계를 형성하는 중요한 계기라고 생각해요. 짧지만 소중했던 그 시간이 저에게는 인생을 반추해 볼 수 있는 기회가 되었습니다.

차 한잔을 나누는 시간은 저에게 마치 제가 지금까지 일궈온 커리어, 업적들과 함께 마주 앉아 이야기를 나누는 듯한 느낌이었어요. 그 시간을 통해 제 커리어를 다시 한번 돌아보며, 마치 찻잔 안에 우리만의 이야기를 담아내는 것 같은 형상이 떠올라서 굉장히 신비롭기도 했어요. 이야기를 나누며 제 인생을 예쁜 찻잔에 자연스럽게 담아내는 느낌이 들었거든요.

결국 이런 시간들이 주는 의미는 단순한 대화를 넘어 우리 자신을 돌아보게 하고, 타인과의 관계를 회복하게 한다는 데 있는 것 같아요. 저에게는 그 차 한잔의 여유가 바쁜 일상 속에서 멈춰 서서 저 자신을 다시 마주하고 인생을 반추해보는 소중한 계기가 되었어요. 어쩌면 누군가와 차 한잔의 시간을 나누는 것이야말로 진정 중요한 것들을 발견하게 하는 시작점이 아닐까요?

임형주

▶방송 다시보기

AI 의문의 1패
인류 대표

이세돌 9단

'알파고를 이긴 마지막 인류'로 불리는 이세돌 9단은 인공지능 시대에도 인간의 자존심을 지켜낸 전설적인 바둑기사다. 만 12세에 입단해 수많은 우승을 거둔 뒤, 치열한 승부의 세계에서 물러난 후 보드게임 작가로 인생 2막을 시작했다. "바둑은 예술"이라 말하는 그는 진입장벽을 낮춘 새로운 보드게임을 통해 더 많은 이들에게 바둑의 매력을 전하고자 한다.

01

너 안에
박보검 있다

얼굴 천재 vs. 바둑 천재

배우 박보검은 드라마 〈응답하라 1988〉에서 이창호 9단을 모델로 한 천재 바둑기사 최택을 연기했다. '돌부처'라고 불릴 정도로 침착하고 두터운 기풍, 차분하고 숫기 없는 모습, 그리고 특유의 무표정까지, 이창호 9단의 캐릭터를 그대로 끌어왔다고 한다.

하지만 나는 이 드라마를 볼 때마다 이창호 9단보다 이세돌 9단이 떠올랐다. 극 중 최택이 흡연하는 모습은 이세돌의 과거 담배를 피우는 모습과 꽤 비슷하다. 최택의 옷차림과 이세돌이 타이 없이 정장을 입은 모습도 은근히 닮았다. 그리고 대국 후 힘없이 걸어가는 모습까지도 최택 위에 이세돌이 겹쳐 보인다. 어디 그뿐이랴. 그 폭발

출처: tvN

적인 인기도 빼다 박았다. 2016년 3월 알파고와의 바둑 대국으로 이세돌 9단은 인류의 자존심을 지킨, 우주 대스타로 올라섰다.

"인공지능 알파고는 굉장히 달라요. 바둑 스타일이 굉장히 생소하기 때문에 첫 판 혹은 두 번째 판까지도 사람이 굉장히 불리한 게임이었죠."

다 끝난 줄 알았다. 이세돌 9단은 돌을 던지고 인간의 패배를 인정하게 될 줄 알았다. 하지만 그는 신의 한 수를 숨겨두었다. 역시 승부사였다. 인공지능의 지능을 무력화시킨 이세돌. 그래서 "자신이 없어요. 질 자신이요"라는 그의 어록은 잊히지 않는다.

그렇다. 박보검은 얼굴 천재, 이세돌은 바둑 천재다.

이세돌도 사람이다

알파고도 이긴 이세돌 9단이 절대 이길 수 없는 상대가 있다. 수

십 수를 내다보는 바둑 천재도 이 승부만큼은 늘 불계패다. 절묘한 포석에 승부수를 걸어도 결국 자충수, 무리수가 되어버리는 막강한 상대는 바로 딸이다.

알파고와의 대국 당시, 어린 딸 손을 잡고 대국장에 들어가는 장면이 전 세계에 보도됐다. 그 딸이 바로 그 딸이다.

"딸 때문에 무너지지 않았어요."

당시 아홉 살이던 딸은 고3이 됐고, 인터뷰 당시 입시를 준비하고 있었다.

"입시 때문에 고민이 많았어요. 자식 참 맘대로 안 되네요."

전 세계를 호령하는 승부사도 쩔쩔매게 하는 것이 자식인가! 자식이 내 맘대로 안 되는 건 만고의 진리인가. 동병상련이 느껴지는 그의 솔직한 고민…. 입시 9단이 되고 싶은 이세돌도 부모다. 고로 이세돌도 사람이다.

02
바둑이라는 예술

이세돌. 인간을 뜻하는 세(世), 바둑돌을 뜻하는 돌(乭).

세상을 바둑돌로 지배하라고 아버지가 지어주신 이름이라고 한다. 그는 정말이지 한 세상을 바둑돌로 지배했다.

솔직한 센돌

워낙 낯을 가리시는 분이라고 들었다. 방송 시작하기 전에 분위기를 풀어보려고 대화를 시도했다.

"작가님, 프로님, 기사님… 워낙 호칭이 많아서요. 뭘로 불러드리는 게 좋을까요?"라고 했더니 "아무거나 해주셔도 돼요"라고 했다. "그럼 오빠라고 할까요?" 하고 던진 농담에 드디어 웃어 보이셨다.

그런 그지만 사실 센 면도 있다. 이른바 '돌직구 어록'이 있을 정도로 강하기도 하다.

"자신이 없어요. 질 자신이요."

"싸울 만해서 싸워요. 수가 보이는데 어쩌란 말이에요."

그래서 그는 '센돌'이라고 불리기도 한다. '너무 센 거 아니야?' 싶지만, 알고 보니 그는 단지 솔직했던 것이다. 실제 자신이 없는 경기에는 자신 없다고도 이야기한단다.

2016년 알파고와의 대국 전 이세돌 기사는 "저와 승부를 논할 정도의 기량은 아닌 것 같습니다"라고 당차게 말했다. 그렇게 이길 거라 생각하고 있었는데, 이후 분위기가 심상치 않자 "긴장을 해야 할 것 같습니다. 5:0은 아닐 확률이 높을 것 같습니다"라고 솔직하게 이야기했다.

인류의 자존심

알파고는 알려진 바론 지금까지 74전 73승 1패를 했다. 이세돌은 유일하게 알파고에 패를 안겨준 사람이다. 인류의 자존심이라 불리는 이유다.

하지만 그는 알파고와의 대국 3년 뒤 은퇴를 했다. 2019년 3월, "올해가 마지막인 것 같습니다"라고 했던 말이 아직도 생생하게 기억이 난다. 너무도 아쉬웠던 기억이다.

그는 그간 자부심으로 바둑을 계속 둬왔다고 했다. 인공지능이 등장한 이후, 이길 수가 없다는 판단에 절망감을 느끼고 은퇴를 결심했다. 자부심과 즐거움이 사라진 상태에서 바둑을 두고 싶진 않았다고 한다.

이세돌에게 바둑이란

나도 바둑을 배웠던 세대다. 내가 어릴 때엔 아파트 단지 상가들에 바둑 학원이 있었다. 예(禮)를 배울 수 있고, 두뇌 발달에 좋다고 해서 당시에 너도나도 바둑을 배우곤 했다. 나 또한 동생과 바둑 학원을 다녔다. 바둑판이 일렬로 쭉 놓인 방에서 촘촘하게 앉아 모르는 사람들과 바둑을 뒀던 기억이 난다.

내게 바둑은 놀이였다. 특히 할아버지와 마주 앉아 게임을 할 수 있다는 점이 나는 참 좋았다. 내게 바둑은 놀이, 승부를 가리는 재밌는 게임이었다.

이세돌 기사는 바둑이 인류가 만든 유일하고 완벽한 추상 전략 게임이라 했다. 바둑에서 그는 존중, 배려, 책임을 배울 수 있다고 했다. 그에게 바둑은 예술이자 아름다운 학문이었다.

그가 해온 바둑이라는 예술이 벌써 그립다.

03

이세돌의 '마음의 한 수'

이세돌 9단의 녹화 날, 김연자 가수의 녹화도 있었다. 이세돌 9단과 김연자 가수가 회사에 연이어서 방문하니 다른 방송 출연진들과 스태프들이 의아해했다.

'무슨 행사가 있나?'

'오늘 무슨 날이야?'

'이세돌 기사가 축사하고 김연자 가수가 축가 한 거야?'

녹화장을 기웃기웃, 궁금해하는 눈들을 뒤로하고 이세돌 9단의 녹화가 시작되었다. 화면에 비친 그의 모습은 평소와는 사뭇 다른 분위기를 풍겼다. 어디에서도 들을 수 없었던 아내에게 영상 편지를 보내기도 하고, "이건 처음 이야기하는 건데요"라며 속마음을 꺼내기도 한다. 긴 시간 조곤조곤 풀어내는 이야기들이 끝나자, 기술감독이 말했다.

"이세돌 9단의 이런 인터뷰를 처음 보는 거 같다."

지금까지 이런 인터뷰는 없었다

섭외 의뢰를 넣고 과연 될까 하는 게스트들이 있다. "다른 방송국에서도 섭외하기 힘들다"는 작가의 말 때문인지 섭외 리스트에 넣어놓곤 손꼽아 기다리는 게스트, 그가 이세돌 9단이었다.

직설적인 화법, 빈틈없는 천재, 철저한 자기관리, 예민함, 뛰어난 집중력, 그를 생각하면 떠오르는 단어들이다. 그런 그가 이례적인 인터뷰를 했다. 녹화 후 그는 로맨티스트로 변모해 있었다.

이세돌은 아내와의 첫 만남에 전화번호를 물어보고 사귄 지 6개월 만에 청혼했다고 한다. "살면서 잘한 것 두 가지는 결혼을 잘한 것과 아이를 가진 것"이라고 말했다. 아내에게 영상 편지를 부탁했다.

이세돌: 결혼한 지 20년 되었는데 해준 것도 없는 것 같고 미안한 감정이 큰 것 같아. 앞으로 살아가면서 갚을 수 있도록 노력할게. 사랑한다!!!

이세돌 기사의 러브레터라니 상상할 수 있었겠는가? 알파고 AI를 이긴 천재 바둑기사의 사람 냄새 나는 인터뷰. 어쩌면 바둑으로 세상을 정복한 것이 아니라 사랑으로 마음을 정복한 사람일지도 모른다.

　사랑한단 말보다 더 인상 깊었던 그의 말, "미안한 감정이 크다." 그 속에는 복잡하고 섬세한 감정들이 담겨있는 듯했다. 평생을 두뇌 싸움에 매진해온 그가 진솔하게 자신의 마음을 드러내는 모습을 보는 것 같았다. 그는 단순히 바둑의 전설이 아니라, 진정한 인간으로서의 깊이를 더해가는 것이리라.

> 〈이야기를 담다〉, 그 후
>
> # 수읽기 없는
> # 편안한 인터뷰

〈이야기를 담다〉 촬영은 기존의 인터뷰들과는 확실히 다른 느낌이었어요. 보통은 정해진 질문에 맞춰 답을 해야 하는데, 여기서는 차 한잔을 앞에 두고 편안한 분위기 속에서 생각을 정리하고 풀어나갈 수 있는 시간이었죠.

이 프로그램이 가진 가장 큰 매력은 '편안함'이 아닐까 싶습니다. 보통은 인터뷰를 하면 질문에 대한 답을 미리 생각하고, 형식에 맞춰 이야기를 풀어가야 한다는 부담이 생기는데, 〈이야기를 담다〉에서는 그런 틀에서 벗어나 진짜 제 이야기를 꺼낼 수 있었습니다. 자연스럽게 흐르는 대화 속에서 저 자신도 몰랐던 생각들을 정리할 수 있었던 점이 기억에 남습니다.

그래서인지 촬영을 마친 뒤에도 오랫동안 마음에 여운이 남았습니다. 그동안은 하지 못했던 이야기, 혹은 하고 싶지만 기회가 없었던 말들을 진심으로 나눌 수 있었던 순간들이 소중하게 기억에 남습니다. 무엇보다 앞으로 내가 어떤 마음으로 살아가야 할지, 어떤 방향으로 나아가야 할지 다시금 생각을 정리할 수 있는 계기가 되어 더욱 의미 있었습니다.

  프로그램이 가진 따뜻한 분위기가 방송을 통해서도 잘 전달된 것 같아 기뻤어요. 앞으로도 〈이야기를 담다〉가 많은 분들의 진솔한 이야기를 담아낼 수 있는 공간으로 오래 남길 바랍니다.

이세돌

▶방송 다시보기

자유와 멋을 아는 천재

김동규 바리톤

세계적인 바리톤 김동규는 베르디 국제성악콩쿠르 1위, 라 스칼라 극장 주역 가수 등 화려한 이력을 자랑하며 오랜 시간 무대 위를 지킨 성악가다. 클래식뿐 아니라 〈10월의 어느 멋진 날에〉 등 대중가요로도 깊은 울림을 전해온 그는 여전히 배움을 멈추지 않으며, 예술을 향한 걸음을 이어가고 있다.

01
공부하는 천재는 무섭다

남성이 콧수염을 기르는 과학적 이유가 있다고 한다. 다른 경쟁 상대들 이겨야 한다는 심리, 즉 남성성을 강조해 더욱 강해 보이려는 유전적 수단이란다. 콧수염 바리톤 김동규. 대한민국에서 콧수염이 가장 잘 어울리는 사람, 매력적인 콧수염이 트레이드마크인 국민 성악가 김동규는 어떨까?

"너무 동안이라서…."

처음 콧수염을 기르게 된 것은 오페라 때문이란다. 할아버지 역할, 장군 역할을 하는데 20대 풋내 나는 얼굴을 가리려는 일종의 위장 전술이었다. 그렇게 평생 동반자가 된 콧수염은 풀 먹인 정갈한 명품 붓 같기도, 무스를 발라 윤기 나는 머리칼 같기도 했다. 스타일링이라도 한 것처럼….

"아무것도 안 했어요. 수염에… 그냥 이렇게 이렇게 조금씩 만져 주면 돼요."

설마, 그럴 리가…. 김동규의 수염은 멋지게 타고난 것이다. 그의 타고난 음악성처럼! 세계 최고의 성악 학교인 베르디 국립음악원 수석 합격, 그리고 모든 성악가의 꿈의 무대인 라 스칼라 극장에 한국인 최초로 올랐다. 노력만으로는 범접할 수 있는 타고난 천재의 경지다.

"친구들은 얄밉다고 해요. 맨날 놀면서 1등만 하니까. 하지만 저는 음악 생각밖에 안 해요. 누구랑 밥 먹을 때도, 누구랑 맥주 마시면서도 항상 음악이 뇌에 있었으니까."

타고난 천재 맞다. 하지만 하루 종일 음악을 탐구하고 사랑했던 김동규는 음악을 잘하는 천재라기보다 음악을 잘 아는 성실한 천재다.

극과 극은 통한다

바리톤 김동규에겐 자식 같은 대표곡이 있다. 〈10월의 어느 멋진 날에〉.

이 곡으로 10월 한 달 30번 무대에 올랐다고 한다. 그의 노후를 책임질 효자곡이다.

결혼식 축가로도 불리는 이 곡은 사실 이별곡이다. 아내와의 결별 후 힘든 시간을 보내던 가을 어느 날 이 곡을 처음 만났다고 한다. 원곡은 봄을 배경으로 한 노르웨이 가곡 〈봄에 대한 세레나데〉. 하지만 김동규의 해석은 전혀 달랐다.

"봄보다는 가을이 더 좋을 수 있겠다고 생각했어요. 가을은 쓸쓸한 계절이라고 생각할 수 있지만, 더위가 가고 맞는 가을 하늘은 너무 예쁘잖아요."

이 가을은 너무 아름다운데 이혼 후 우울감에 빠져있던 스스로를 위로하고 싶었을까? 〈10월의 어느 멋진 날에〉는 그렇게 다시 태어났고 막막했던 삶도 다시 피어났다. 결국 가장 아플 때 가장 사랑스러운 음악이 탄생했다. 역시 극과 극은 통한다.

02
제로백이 짧았던 천재

　김동규 성악가는 바이크 애호가다. 20년 차 라이더라고 했다. 스릴을 즐기시나? 예상외로 와일드하신 분인가?
　바이크를 타게 된 건, 알고 보니 순전히 스케줄 때문이었다. 빡빡한 스케줄을 소화하려면 이동할 때 네 바퀴의 차보다는 두 바퀴의 바이크가 낫다는 판단에 그는 연미복을 입은 채 바이크에 올라탔다고 한다.

발키리룬

　처음으로 장만한 바이크가 무려 '발키리룬'. 그는 영화배우 톰 크루즈가 발키리룬을 타고 레드카펫에 안착한 걸 보고, '바로 이거

출처: 김동규

다!' 했단다. 2005년 톰 크루즈는 본인이 출연한 영화 시사회에 직접 발키리룬을 몰고, 뒤에는 당시 아내인 케이티 홈즈를 태우고 레드카펫까지 들어가 이슈가 된 바 있다.

이 발키리룬이라는 바이크는 1830cc라는 고배기량에 제로백이 3초대다. 제로백은 정지 상태에서 시속 100킬로미터까지 가속에 걸리는 시간이다. 그게 3초대라니!

발키리룬은 그의 인생과 꼭 닮아있었다. 그는 발키리룬이었다.

천재가 미치면

그는 1990년대 초 이탈리아로 가 밀라노 베르디 국립음악원에 입학했다. 그런데 입학을 하자마자 졸업하고 데뷔했다. 이게 무슨 말인고 하니….

해당 음악원은 시험을 쳐서 학년을 배정받는단다. 그 입학시험에 만점을 받아서 입학하자마자 5학년이 됐다는 것이다. 입학을 했는데 바로 졸업반이 된 것이다. 그리고 바로 데뷔까지…. 제로백이 상당했던 그다.

25세에 세계 3대 오페라 극장 중 하나인 라 스칼라 극장에서 공연을 했다. 당시 라 스칼라의 수석 지휘자였던 리카르도 무티가 "이탈리아인보다 이탈리아어 발음이 더 좋네?" 했단다. 피나는 노력도 동반됐을 터…. 그 후 새로운 '스칼라의 주역'이 되어, 진정한 그의 시대가 시작됐다.

그는 무섭게 월등했다. 이미 월등한 음악 천재인데, 음악에 미쳐 있었다고 했다. 천재가 미치면 제일 무섭다는 말이 있지 않은가.

멋, 자유

그는 이제 할리데이비슨을 즐겨 탄다고 했다. 엇박자로 울리는 두둥둥둥 자유로운 엔진 소리가 매력적이란다. 이 또한 그를 닮았다.

그가 바이크를 즐기는 이유는 속도가 아니었다. 빠른 속도는 긴장을 줄 뿐, 자유를 주진 않는다고 했다. 그는 자유롭게 멋을 즐기려

했다.

'자유'와 '멋', 김동규 성악가와 참 어울리는 단어다. 그는 가끔 말발굽 소리 같은 바이크 엔진 소리와 함께 공연장에 도착했다고 한다. 바이크 자켓을 입은 채로 무대 리허설을 하기도 했다. 그 또한 그만의 멋이다.

미친 천재, 참으로 자유로운 멋을 가진 김동규 성악가였다.

03
으하하하하
그 웃음의 물결

　조연출 시절, 코미디언 자니윤과 골프 토크 프로그램을 제작한 적이 있다. 그때 게스트로 출연한 김동규 성악가와 라운딩을 했었다. 타고난 말솜씨와 '으하하하하' 호탕하게 웃었던 웃음만 기억에 남았다. 난 그 당시 힘겨운 삶의 파고를 혼자 다 넘고 있다고 느꼈던 20대. 그 자신감 넘치고 여유로워 보였던 그의 웃음이 부러웠다. 아니, 부럽다 못해 질투가 났다. 단전에서부터 끌어올리는 듯한 성악가의 웃음, 자신감을 넘어 자만심까지 보이는 웃음이었다. 으하하하하….

　그 후 20여 년이 지나 그를 다시 만났다. 녹화 내내 더 호탕하고 더 웅장해진 성량으로 으하하하하 웃는다. 함께 웃지 않고는 견딜 수 없는, 웃음을 부르는 웃음이다. 따라 웃어본다. 자유로운 해방감이 느껴졌다. 그 웃음은 애당초 나의 것인 양 의미가 남달라진다. 그 웃음이 품은 흡인력에 빠져들었다.

즐기는 노력의 파도, 웃음이 춤춘다

김동규: 자신감이었죠. 그런데 나쁘지 않은 자신감이었어요. 힘이 넘쳐흘렀고 의지가 너무너무 강렬했었어요. 내가 안 되는 게 있으면 무조건 될 때까지. 사람들이 노력이라면 피나는 노력을 말하는데 나는 피 하나도 안 흘렸어요. 그냥 음악이 너무 좋았어요. 피나는 노력이 아니라 즐거운 노력이었어요. 쉼 없이 할 수 있었고 행복했어요.

나를 매료시켰던 그의 자신감 있는 웃음은 즐거운 노력에서 나온 게 아니었을까 하는 생각이 들었다. 노력하는 자는 즐기는 자를 이길 수 없다고들 말한다. 그런데 즐기는 노력이라니, 어느 누가 이길쏘냐.

작곡가 아버지, 소프라노 어머니를 둔 김동규 성악가는 어릴 적부터 베토벤, 바흐의 음악을 들으며 컸다. 타고난 능력과 물려주신 금수저 DNA보다 음악을 진정으로 좋아하고 사랑했던 그의 진심이 사람의 마음을 움직였을 것이다. 그 진심이 당당한 웃음을 갖게 한 것이리라. 이제 나도 일을 즐길 줄 아는 나이, 그래서 그의 웃음을 따라 웃을 수 있었던 게 아닐까?

> ─ 〈이야기를 담다〉, 그 후 ─
>
> # 급변하는 시대 속, 예술가의 시선

〈이야기를 담다〉에서 제 인생 이야기와 더불어 삶의 가치관까지 진솔하게 나눌 수 있었습니다. 단순한 인터뷰를 넘어, 현대사회에 대한 고민과 생각을 깊이 이야기할 수 있어 더욱 뜻깊게 와닿았습니다.

특히 미디어 변화에 대한 인상이 깊이 남았습니다. 매일경제 건물에 들어서며 맡은 신문 인쇄 잉크 냄새는 사라져 가는 아날로그 시대의 감성을 떠올리게 했어요. 신문으로 세상 소식을 접하던 시절이 점점 멀어져 가는 현실이 아쉽게 다가왔습니다. 급변하는 시대 속에서 젊은 세대와의 소통과 그들의 시각을 이해하려는 고민이 더욱 깊어졌어요.

인터뷰를 준비하며 세대 간 소통, 전통과 변화, 그리고 공동체의 방향성에 대해 다시 한번 고민할 수 있는 계기가 되었습니다. 자유로운 개성과 표현은 존중받아야 하지만, 공동체가 함께 나아가기 위해서는 단합과 리더십이 필수적이지 않을까요? 현대사회는 변화와 전통이 끊임없이 충돌하지만, 그 균형점을 찾아가는 것이야말로 모두가 함께 고민할 과제라 생각해요.

이번 인터뷰를 통해 저는 무대 위 성악가로서의 메시지를 넘어, 미디어를 통해 더 많은 이들과 제 철학과 신념을 나눌 수 있었습니다. 음악으로만 전하기 어려운 제 생각을 시청자들과 소통할 수 있었기에 더욱 소중한 시간이었어요.

〈이야기를 담다〉가 앞으로도 다양한 인생과 철학을 담아내며, 시청자들에게 오랫동안 남을 울림 있는 프로그램으로 이어지길 바랍니다.

김동규

▶방송 다시보기

'얼음 미녀'의 열정 스매싱

현정화 탁구 감독

현정화 감독은 탁구계의 살아있는 전설로, 1988년 서울 올림픽 금메달과 세계탁구선수권대회에서 1987년 여자 복식, 1989년 혼합 복식, 1991년 여자 단체전(남북 단일팀), 1993년 여자 단식 모두 우승을 차지해, 소위 말하는 '그랜드슬램'을 달성하고 국제탁구연맹(ITTF) 명예의 전당에 이름을 올린 대한민국 탁구의 상징적인 인물이다. 은퇴 후에는 지도자로서 오랜 시간 후배들을 응원해온 그는 앞으로도 한국 탁구의 미래를 밝히는 데 앞장설 것이다.

01

콧대 높은
얼음 미녀

현정화의 콧대

50대 중반이라고는 믿어지지 않았다. 군살 하나 없는 몸매, 총기가 살아있는 눈매, 운동선수 최초의 화장품 모델이라는 극강의 클래스, 현정화 감독을 만났다.

"화장품 모델은 당대 최고의 여배우들만 했어요."

한국화장품 소속으로 활약하던 당시 현정화 선수는 사내 설문 조사를 통해 화장품 모델로 발탁되었다. 올림픽 선수촌에서 열린 미인 뽑기 대회에선 전 세계 2위에 오르기도 했다니, 연예계 러브콜도 꽤 받은 모양이다.

"은퇴 후에 뽀미 언니를 해달라고 제의가 왔는데 거절했어요."

뽀미 언니가 연예계에 진출하는 지름길이라며 방송국 담당자는 현 감독을 설득했던 모양이다. 하지만 한국 탁구 최고의 지도자로 남겠다는 그녀의 높은 콧대는 꺾지 못했다.

"제가 연예계로 갔으면 강호동 씨는 없지 않을까."

도도한 자존심의 탁구 여제, 탁구 선수로서 콧대만 높았으랴…. 자그마한 얼굴에 콧대도 정말 높았다. 피노키오라는 별명이 왜 생겼겠는가!

아버지의 선물

서양 속담 중에 이런 표현이 있다.

"The apple doesn't fall far from the tree."

직역하면 사과는 나무에서 멀리 떨어지지 않는다, 즉 아이는 부모를 닮는다는 뜻이다. 동서고금을 막론하고 피는 못 속이나 보다.

현정화 감독의 아버지 현진호 씨는 1950년대 국가대표 상비군을 지낸 탁구 선수 출신이다. 그렇다고 딸에게 탁구를 강요한 적은 없었다.

"아버지는 폐 질환을 앓고 계셨어요."

아버지가 탁구 선수 출신이었다는 걸 안 건 탁구부에 들어가서였다. 체육관을 지나다 보게 된 탁구가 재밌어 보였다는 어린 시절 현 감독, DNA의 이끌림이었을까? 탁구 연습을 할 때면 체육관에 나와 공을 쳐주셨다는 아버지는 현 감독이 중학생이 되던 해 돌아가셨다. 누구보다도 딸이 탁구를 잘 치기를 바라셨을 아버지는 현 감독의 꿈속으로 찾아오셨다.

"중요한 대회가 있으면 아버지가 꿈에 나타나셨어요. 꼭 전날에. 대화하지는 않는데 그냥 살아계신 것같이 느껴졌어요.

그래서 '아버지가 살아계셨네' 그러면서 이제 깨요. 근데 그럴 때마다 제가 금메달을 따더라고요."

일찍 생을 마감한 설움, 탁구 선수 딸을 응원하지 못한 아쉬움, 아버지의 그 한이 응집돼 꿈으로 환생했을까? 현 감독의 메달은 총 133개, 그중 금메달은 75개다. 무려 75번 딸의 꿈에 나타나신 것이다.

02

날카로운 스매싱,
따뜻한 파이팅

현정화 감독은 여전했다. 힘이 있었고 날카로웠다.

과거 탁구 경기를 통해 봤던 현정화는 찔러도 '피' 한 방울 나올 것 같지 않은 사람 같았다.

현정화 선수의 스매싱은 남들과 달랐다. 송곳 스매싱. 농담 반 진담 반으로 "지금도 제 스매싱 받을 수 있는 사람 없을걸요?"라고 했다.

게다가 좀 완벽한가. 메달 133개, 그 가운데 금메달이 75개. 다른 탁구 선수 입에서 "이거 너무한 거 아니야?"라는 말이 나올지도 모른다.

한국 탁구, 그리고 현정화

현정화 선수 하면 가장 기억에 남는 경기로 많이들 1991년 남북 단일팀 경기를 꼽는다. 그녀 역시 해당 경기가 기억에 남는다고 했다.

사상 최초로 만들어진 남북 단일팀. 이 대회는 영화로도 만들어졌고, 주인공인 배우 하지원의 극 중 이름은 '현정화'였다.

실화를 바탕으로 했다고 해도, 영화 특성상 어느 정도의 허구가 들어가기에 보통은 실제 이름을 그대로 사용하진 않는다. 하지만 실명으로만 설명되는 게 있다. 그래서 선택한 게 아닐까? '현정화'.

머리에 '빵꾸'

현정화는 한 번도 포기하고 싶다는 생각이 들지 않을 정도로 탁구가 재밌었다고 한다. 이 말에는 함정이 있다. 선수 현정화는 늘 이

겨왔다.

초등학교 4학년 때 경기를 나가서 6학년 언니들을 다 이겼다고 한다. 지역 대회 나가서 1등 하고, 요즘 말로 도장 깨기 하듯 매 경기에서 승리했고, 국가대표로 세계를 제패했다. 이길 때 쾌감과 성취감이 어마어마하다고 했다.

그런 탁구 천재 선수 현정화가 감독이 됐다. 하지만 생각한 것처럼 뜻대로 되지 않았단다. 감독이 되고 난 후 말 그대로 머리에 '빵꾸(구멍)'가 났다고 했다. 세 번이나! 얼마나 마음을 썼던 걸까. 병원에 갔더니 눈높이를 좀 낮추라고 했단다. 선수에서 감독으로 옮겨가는 과정이 녹록지는 않았던 것 같다.

감독 현정화의 "파이팅!"

스튜디오에서 감독님이 탁구 자세를 가르쳐주셨다. 송곳 스매싱을 배워볼 수 있는 걸까? 하나하나 차근히 가르쳐주시던 감독님이 기억난다. 눈빛도, 손길도 참 따뜻했다.

선수 시절 현정화의 날카로운 외침, "화이팅(파이팅)!"은 참 유명했다.

지난 올림픽에서 현정화 감독은 탁구 경기 해설을 했다. 냉정해 보였던 그녀의 눈에 눈물이 맺혔고, 굳게 다문 입술에선 간절함이 보였다. 해설을 하는 동안 두 손을 꼭 모아 기도하기도 했다. 남의 경기에는 유독 울컥한다는 그녀. 어딘가에서 그녀의 따뜻한 '파이팅' 소리가 들려오는 듯하다.

03

앞으로도
괜찮을 거야

현정화 감독, 마치 운동선수의 시간만 흐르는 세계에서 온 듯했다. 그건 단순히 체격이나 자세가 아닌, 눈빛은 과거의 승부를 기억하고 있는 듯했고, 어떤 순간에도 최선을 다했던 그 시절의 흔적이 남아있는 것 같았다.

하지만 '냉철한 승부사'일 것 같았던 현정화 감독은 예상외로 다정했다. 편안하고 안정감 있는 말투는 짧은 시간이었지만 멘토를 만난 기분이었다. 한 분야의 레전드를 만나니 '믿고 따르리오'란 마음이 절로 생겨서일까? 민첩한 스포츠 선수에게서 의외로 안락한 소파 같은 느낌이 들었다니, 이는 어불성설일 수도 있겠다. 그녀에게서 느껴지는 편안함은 오랜 시간 자신과의 싸움에서 승리한 사람만이 가질 수 있는 것 같았다. 승부의 세계에서 단단하게 다져진 내면이 편안한 소파 같은 느낌으로 다가온 것이리라.

믿고 따르리오

신유빈의 항저우 아시안게임 경기를 중계하며 그녀의 냉철했던 이성이 무너졌다.

"제가 지금 말이 안 나온다. 너무 오랫동안 기다렸던 금메달이다."

늘 이성의 끈을 놓지 않았던 그녀가 후배의 성취 앞에서 눈물을 흘렸다. 특히 신유빈에 대한 애착은 각별해 보였다. 2009년, 신유빈이 불과 다섯 살의 나이로 SBS 〈스타킹〉에서 탁구 신동으로 등장해 관중을 매료시켰던 그 순간을 기억했다.

"그때 함께 경기를 했는데 감각이 너무 좋았어요. 훌륭한 선수가 되겠다고 생각했죠."

한때 작은 삐약이였던 신유빈, 이제는 21년 만에 금메달리스트

가 되었다. 탁구계의 살아있는 신화 현정화를 바라보며 꿈을 키워온 후배가 마침내 새로운 역사를 써 내려간 것이다. 현정화, 그녀는 단순한 레전드를 넘어 탁구계의 이정표와도 같은 존재였다.

 탁구계의 전무후무한 레전드를 모셨으니 그녀의 스윙을 보고 싶었다. 거장의 움직임을 직접 목격하는 순간이었다. 라켓 그립부터 스윙 메커니즘, 하체 포지셔닝까지 이담 아나운서에게 원포인트 레슨을 했다.

 "탁구는 원심력을 이용한 과학적인 운동이에요. 허리, 하체 모두 이용해야 합니다."

 짧은 순간이지만 탁구채 한번 못 잡아봤던 이담 아나운서의 폼은 그럴듯해 보였다. 탁구처럼 인생이란 삶도 현정화 감독에게 코치 받고 싶은 마음이 들었다.

> ─ 〈이야기를 담다〉, 그 후 ─
>
> # 탁구로 그린
> # 인생의 스매싱

　〈이야기를 담다〉 인터뷰는 탁구 선수로서의 기록, 남북 단일팀 이야기, 그리고 가족에 대한 이야기 등 제 인생의 다양한 순간들을 담백하게 풀어낼 수 있었던 시간이었어요. 탁구는 단순한 스포츠를 넘어, 제 삶의 모든 순간을 담고 있는 특별한 스포츠입니다. 그렇기에 이번 인터뷰는 제 탁구 인생을 돌아보고, 그 안에 담긴 이야기를 차분히 풀어낼 수 있었던 소중한 기회였습니다.

　이담 아나운서에게 탁구 자세를 가르쳤던 시간이 특히 기억에 남았는데, 탁구라는 스포츠를 시청자들에게도 자연스럽고 친근하게 전달할 수 있어서 무척 즐거웠습니다.

　본방송은 제가 해외에 있는 동안 방영되어 바로 시청할 수 없었지만, 이후 파일로 받아서 본 방송은 자료가 꼼꼼히 정리되어 제 인

생의 여러 순간을 모아 보여주는 깔끔한 구성이 돋보였습니다.

   아무리 유명한 스타라도 시간이 지나면 사람들의 기억에서 점점 잊히기 마련이죠. 그런 점에서 제 탁구 인생을 이렇게 꼼꼼히 정리해 보여드릴 수 있었던 이번 인터뷰는 저에게도 참 뜻깊고 감사한 시간이었습니다. 제게 이런 소중한 기회를 주신 제작진 여러분께 다시 한 번 감사드리며, 앞으로도 많은 출연자분의 이야기를 담백하게 담아내는 프로그램으로 남길 바랍니다.

현정화

▶방송 다시보기

허허허 허재,
농구 대통령의 스마일 슛

허재 전 농구 감독

'농구 대통령' 허재는 화려한 개인 기록과 국가대표 감독 경력을 갖춘, 대한민국 농구의 살아있는 전설이다. 50개 이상의 우승컵과 이집트전 62득점은 여전히 회자되는 기록이며, 최근에는 예능인으로서 친근한 모습으로 대중과 소통하고 있다. 두 아들의 성장을 지켜보며 여전히 농구와 함께 살아가는 그는 "힘닿을 때까지 코트에 남고 싶다"며 오늘도 새로운 도전을 이어간다.

01

왕의 귀환을 꿈꾸다

추억의 농구대잔치

'솔까말' 나는 이충희 선수의 팬이었다. 슛도사, 슛쟁이, 득점 기계 등 여러 가지 별명을 가지고 농구대잔치 무대에서 6년 연속으로 득점왕 타이틀을 거머쥔 농구 히어로! 이런 이충희 선수의 드리블을 막고 3점 슛을 무력화시킨 정적이 바로 허재 선수였다.

"충희 형 같은 선수는 다시 안 나올 것 같아요. 순간순간 움직이는 순발력이 무척 좋았어요. 경기를 하다 보면 깜짝깜짝 놀랄 때가 많았는데, 진짜 타고났어요."

1985년 의문의 '허재 삭발 사건'도 이충희 선수 때문이란다. 슛 성공률이 낮아 홧김에 머리카락을 밀어버렸다니, 허재 선수는 지고

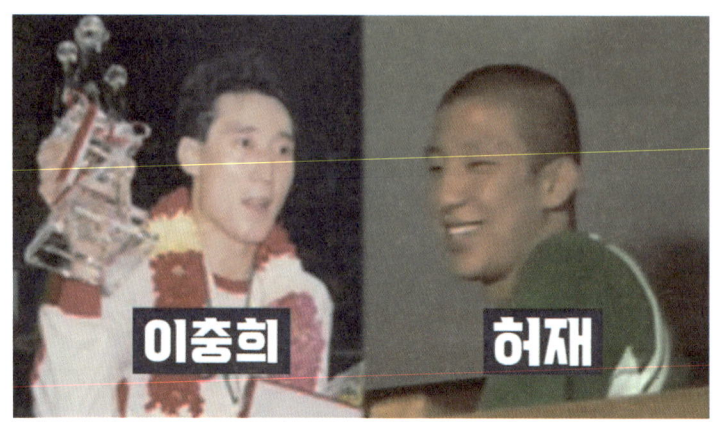
출처: 대한농구협회, KBS

는 못 사는 승부욕의 화신이었달까?

"지는 게 싫고, 강인해 보이고 싶었어요. 승부욕 때문에 그랬을 거예요. 그런데 삭발하고 나서 후회했잖아요, 겨울에 너무 추워지고."

승부욕은 성적과 비례하는 법. 득점이면 득점, 도움이면 도움, 리바운드면 리바운드, 솔직히 그는 코트 위의 팔방미인이었다. 체공력이 좋아 상대 장신 센터진의 숲을 과감하게 정면 돌파하는 모습은 이충희 선수의 팬들마저 매료시킬 정도였으니까. 코트 위 이런 '미친 존재감'은 간혹 선을 넘기도 했다. 부당하다고 생각하는 판정엔 육두문자를 쏟아내고 돌출행동으로 구설에 오르기도 했다.

"경기 후 선물 상자를 받았는데 그 안에 찌그러진 캔과 편지가 한 장 들어있더라고요. '인생 이렇게 찌그러지게 살지 말아라'라고 써있더라고요. 많은 생각이 들었죠."

그런 허재 선수를 수십 년 후에 대면했다. 숱한 세월이 흐르는 사

출처: 연합뉴스

이, 그는 온화한 아버지가 되었다.

승부욕으로 타오르던 눈빛 대신 농구하는 두 아들을 바라보는 꿀 떨어지는 눈빛, 다시 농구 코트에 서고 싶은 해맑은 농구 천재의 눈망울이었다.

"늘 부족함이 많았던 것 같아요. 그 부족한 걸 더 채울 수 있는 기회가 생겼으면 좋겠어요. 농구 코트 위에 다시 서고 싶어요."

농구팬들이 가장 기다리는 대한민국 최고의 농구 선수, 코트 위를 호령하는 농구 대통령의 귀환을 꿈꿔본다.

02
불타오르던 그 시절, 이제는 chill하게!

칠가이

'chill guy(칠가이)'라는 말이 요즘 유행이다. 'chill(여유로운, 느긋한)'이란 단어에 'guy(남자, 사람)'가 합쳐진 말로, 말 그대로 느긋하고 쿨한 사람을 뜻한다.

농구 코트에서는 그리도 빠르고 불같던 사람이 실제로 만나보니  그야말로 '칠가이'였다. 인터뷰에서 혹시 하고 싶은 이야기가 있냐고 여쭤보니, "없는 것 같은데. 그냥 다 물어봐요!"라고 툭 대답했다. 여유롭고 편안한 미소와 함께. 그러고는 '허허허' 던지는 웃음…. 칠가이 그 자체였다.

핫가이

나의 이모는 허재가 10대일 때 같은 시대를 공유했던 10대였다. 허재 선수가 있었던 용산고와 이모가 다니던 선일여고는 남녀 농구 결승에 함께 오르곤 했단다. 그래서 서로 응원해주는 사이였다고 했다. 이모는 허재가 그 안에서도 단연 차원이 다른 선수였다고 기억했고, 보석 같은 선수의 경기를 누구보다 일찍 관전할 수 있었던 것이 정말이지 행운이었다고 말했다.

1985년 허재 선수의 일거수일투족이 화제가 되던 시기, 그가 갑자기 삭발을 했다. 그의 삭발은 뉴스로 다뤄질 정도였다.

"충희 형 슛이 너무 잘 들어가서 슛 들어갈 때까지 머리 깎으려고요."

당시 인터뷰에서 허재 선수가 한 말이다. 이충희 선수의 슛, 순발력이 부러웠단다. 이기고 싶은 마음, 각오의 마음으로 삭발을 했다는 것이다.

그의 기록은 말해 뭐하나…. 수많은 기록이 있지만, 가장 기억에 남는 건 바로 '준우승 MVP 수상'이다. 그가 부산 기아 소속이던 1997-98시즌, 대전 현대와의 경기에서 3승 4패로 팀이 준우승을 했다. 하지만 MVP는 허재 선수에게 주어졌다. 준우승팀 소속 선수가 MVP를 받은 건 전무후무한 일이다. 얼마나 대단했던 걸까.

감독으로서도 핫했다. 2011년 국가대표팀 감독 시절, 한 중국 기자가 "왜 중국 국기에 예의를 표시하지 않느냐"라고 질문을 하자, "뭔 소리야? 말 같지도 않은 소리를 하고 그래" 하고 자리를 박차고 나온 적이 있다. 욕설도 섞여있었지만 그 장면을 본 우리 국민은 그저 시원하다며 박수를 쳤다.

요즘은 허당 아저씨로도 핫하다. 허재 감독은 이미 여러 프로그램을 통해 예능인으로 검증됐다. 워낙 재미도 있고, 편안하게 방송을 해서일까? 요즘 아이들에게 그는 '재밌는 허당 아저씨'로 인기다.

농구 대통령

허재 감독의 허당 매력을 보여주는 영상에 달렸던 댓글이 기억난다.

"저 아저씨 TV에 웃기게 나와도 우리나라 농구 레전드 아저씨다. 그냥 레전드가 아니고 옛날엔 장난 아니었다."

그는 스스로를 승부욕이 아주 강한 사람이라 했다. 누구보다 뜨겁게 살아왔기에 이제는 열을 식히고 있는 것 같았다. 가만히 앉아 이야기를 나누고 보니 hot했던 스포츠맨 허재의 인생도 참 멋졌지만, chill한 지금의 허재라는 사람도 참 매력적이었다.

03

승부욕 화신, 열정의 악바리

"저 마음에 안 들면 일어나도 되죠?"

TV에서 보던 그 사이다 발언이다. 불같은 성질이 이렇게 갑자기 나온다고? '화내는 건 세계 챔피언', '불낙이야'…. 허재 감독을 수식하는 말들이 스쳐 지나갔다. 이렇게 상남자처럼 시원시원했던 그의 첫인상이 바뀌나?

그런데 이담 아나운서랑 차를 놓고 마주 앉으니 막상 수줍은 감정이 들었던 것 같다.

"맞선 보는 것 같네요. 차를 놓고 앉아있으니까, 하하."

"일어나도 되죠?" 하고 묻던 그의 말은 어색한 분위기를 풀어보려는 농담이었다. 긴장된 마음을 내려놓고 앉은 부조정실, 다행히 즐겁게 커팅이 넘어갔다.

구르는 돌에는 이끼가 끼지 않는다

"MVP를 했어도 화가 났어요."

1997-98시즌, 준우승팀에서 MVP가 나온 건 허재 선수가 유일했다. 팀이 우승을 못 했다는 것에 화가 나서 상을 어디에 두었는지도 몰랐다고 한다. 승부욕 강했던 그 열정은 어디에서 온 것이었을까?

허재: 진짜 열심히 했어요. 단체운동 끝난 후 남몰래 복습을 많이 했어요. 타고난 재능이 있어도 연습을 안 하면 발휘도 못 하는 거예요. 승부욕이 너무 세서 욕먹었어요. 국제 대회 나가면, 특히 일본은 제 기억에 한 번도 져본 적이 없는 것 같아요. 지고는 못 산다, 자존심으로 살았으니까 너무 힘들었죠.

'밥 먹듯 농구를 해야 한다', '남들보다 2배로 해야 이길 수 있다'

는 그의 철학은 지난한 시도를 멈추지 않았던 '열정의 악바리' 허재 선수의 삶을 고스란히 담고 있다. 그의 끈질긴 노력과 열정은 수많은 기록을 남기며 여전히 회자되고 있다.

특히 세계선수권대회에서의 62득점, 개인 최다 득점 기록은 아직도 깨지지 않고 있다. 타고난 선수인 줄 알았지만 그 뒤에는 수많은 노력의 시간들이 있었고, 그것이 레전드 오브 레전드 '농구 대통령'을 만든 것이었다.

나는 이렇게 믿는다. 인내천(忍耐天), 끈기와 인내가 결국 성공의 열쇠라는 것을!

구르는 돌에는 이끼가 끼지 않는다.

— 〈이야기를 담다〉, 그 후 —

코트 밖에서도
농구 인생은 현재진행형

처음 촬영장에 들어섰을 때, 세트장이 꽤 생소하게 느껴졌습니다. 아기자기한 분위기의 공간에 테이블이 놓여있었고, 처음 접하는 세트라 약간 어색한 느낌도 들었죠. 조명이 따뜻하게 비추는 아늑한 스튜디오가 기억에 남아요. 특히 예쁜 보석함에서 질문지를 뽑는 '담담담 토크'가 다른 인터뷰 프로그램과는 다르게 신선하게 다가왔어요.

우승한 경기와 개인 기록에 대한 이야기를 나누면서 오랜만에 선수 시절이 떠올랐어요. 농구 코트에서 뛰던 순간은 물론이고, 승리의 기쁨과 패배의 아쉬움이 교차했던 그날들이 생생하게 되살아나는 기분이었습니다.

특히 방송에서 정리해 보여준 기록들을 보니 그때의 순간들이

새삼스럽게 다가오더라고요. 농구가 제 인생에서 얼마나 큰 부분을 차지했는지 다시금 실감했어요. 오랜 팬분들이 여전히 제 경기를 기억해주고, 농구라는 스포츠에 대해 관심과 애정을 보여주신다는 게 참 감사하게 느껴지는 순간이었습니다.

허재

▶ 방송 다시보기

이걸 진짜 들고 오셨어요?

출연자가 직접 가져온 물건을 본 순간, 웃으며 말했다.

"이걸 정말 들고 오신 거예요?"

그만큼 출연자들의 준비는 진심이었고, 매회 감동이었다.

〈이야기를 담다〉에는 제작진이 준비한 소품만 있는 것이 아니다. 출연자들 역시 자신만의 특별한 소품을 준비해 이야기의 맛을 더한다.

'내숭 이야기' 시리즈 실물 영접!

한국화가 김현정은 방송에서 자신의 작품을 직접 설치하고, 하나하나 정성스럽게 설명했다. 갤러리가 아닌 방송국에서의 전시라, 그녀에게도 특별한 기억이었던 걸까?

2024~2025년 김현정 작가의 한정판 달력

그해 말엔 12폭의 작품이 담긴 2025년 새해 달력을 보내왔다. 용의 해, 힘찬 용의 기운을 담은 민화 달력은 해가 가도 버릴 수 없지 싶다.

강형원표 고퀄 사진 자료 투척!

포토저널리스트 강형원은 사진 폭탄을 투하했다. 전 세계를 누비며 찍어 온 퓰리처상 수상작부터, 쉽게 접할 수 없는 역사적 기록들, 그리고 소중한 가족 사진까지 아낌없이 공유해주었다. 사진 한 장 한 장에는 그가 직접 겪은 사건과 사람, 장소의 공기가 고스란히 담겨있었고, 그 귀한 장면들을 가까이서 마주할 수 있다는 것만으로도 큰 영광이었다. 특히 기록을 넘어선 기록이라 할 수 있는 그의 사진들 덕분에 이야기가 더 풍성하고 입체적으로 전달될 수 있었다. 그렇게 우리는 매주 신세를 진다.

 강형원 기자님

Good morning!
방금 오늘 interview 에서 쓸수있는 고화질 사진 51매 (compressed zip file) 과 사진 설명(pdf)을 email 로 보내드렸습니다. 조금있다 뵙겠습니다.

붓끝에서 피어난 웃음꽃

서예가 강병인은 직접 종이와 먹을 준비해, 스튜디오에서 직접 서예 퍼포먼스를 선보였다. 한 획 한 획 정성껏 써 내려가는 과정을 통해, 단순한 글씨가 아닌 '뜻'과 '형태'가 함께하는 서예의 본질을 다시금 느낄 수 있었다. 그의 섬세한 손끝에서 만들어진 글자들은 단지 예술작품이 아니라, 보는 이로 하여금 글의 의미를 다시 생각하게 만드는 힘이 있었다. 흔쾌히 서예 퍼포먼스를 준비하여 〈이야기를 담다〉라는 제목에 직접 의미를 더해주신 강병인 서예가에게 다시 한번 깊은 감사의 마음을 전한다.

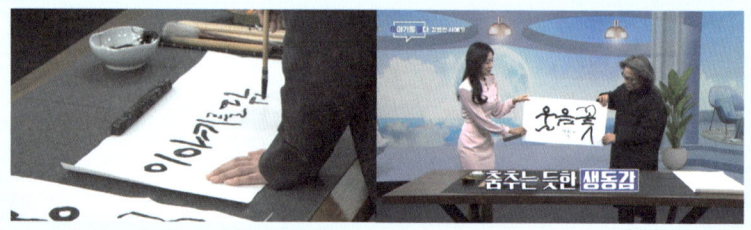

유일무이 연말 선물

그리고 연말, 이번엔 출연자가 아닌 제작진의 마음에서 시작됐다. 나태주 시인의 팬인 PD가 사인을 받기 위해 제작진들의 책까지 연말 선물로 준비한 것.

나태주 시인은 책 한 권, 한 권에 모두 다른 시구와 이름을 정성스럽게 적어주었다. 오랜 시간 동안 시인은 지친 기색 하나 없이 마지막 책까지 진심을 다해 써주었다. 그렇게 완성된 책들은 세상 어디에도 없는, 단 하나뿐인 선물이 되었다.

 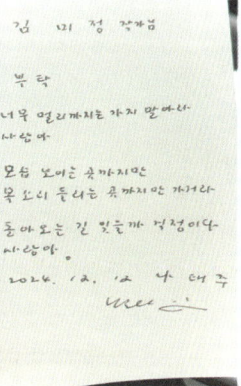

Part 3

삐딱하게,
그래서 찬란하게

착실한 날라리,
섹시한 소리꾼

이희문 국악인

경기민요를 기반으로 파격적인 스타일과 장르적 실험을 이어온 소리꾼 이희문은 '국악계의 이단아'로 불리며 독창적인 길을 걸어온 예술가다. 짙은 화장과 킬힐, 스팽글 의상을 무대 위에 올리며, 민요와 디스코·재즈·헤비메탈 등 다양한 장르를 결합한 자신만의 음악 세계를 구축했다. 전통과 현대의 경계를 허물며 오늘도 새로운 전통을 만들어간다.

01
이희문의 도발은 무죄

이희문은 반비례한다

    열심히 일하면 돈 벌 수 있고, 꾸준히 운동하면 건강해지고, 아름다워지면 사랑받는다. 인생은 대체로 정비례한다. 그리고 그 정해진 길을 똑바로 가는 것이 인생의 성공 방정식으로 통한다. 하지만 이희문은 정반대다. 기괴한데 아름답고, 도발적인데 정돈돼 있으며, 열심히 노래하지만 유행을 좇지 않는다.

    "평범한데 화려하고, 예쁜 것보다 과감한 걸 했을 때 훨씬 재밌고 제게 잘 어울리는 것 같아요. 모티브가 된 건 우리나라 전통 무속 신앙 속 박수무당인데, 열 손가락에 다 보석 반지를 끼고 있을 정도로 화려하거든요."

소리꾼! 아니, 도발꾼 이희문에겐 도발의 수위만큼 경이로운 기록들이 따라다닌다. '씽씽' 400만 뷰, '범 내려온다' 3억 뷰, 그리고 2017년 이희문의 '씽씽' 밴드는 2017년 미국 공영 라디오 NPR의 인기 프로그램 〈타이니 데스크 콘서트〉에 출연해 조회 수 100만 뷰를 넘겼다. 해외에서 가치가 재발견된 BTS의 소리꾼 편이랄까?

미국에 온 김에 15분만 공연하라는 담당 피디의 제안에 어떤 무대인지, 누가 보는지도 모르고 끌려왔다는 그는 '저게 뭐야' 하고 팔짱 끼고 있던 대중들을 단 15분 만에 코앞으로 이끌었다.

노력이 2배, 3배, 4배로 늘어날 때 결과값이 1/2, 1/3, 1/4로 줄어들기도, 뜻하지 않은 행운에 20배, 30배, 40배 그 이상이 되기도 하는 것이 삶이듯, 인생은 꼭 정비례하지 않는다. 그 사실을 이희문에게서 다시 배운다.

크로스오버와 짬뽕의 차이

사람들은 크로스오버라는 말을 조자룡의 헌 칼 쓰듯 한다. 잘 모르면 크로스오버이고 성격이 불분명해도 크로스오버라고 부른다. 고상하게 표현하면 융합이고, 저렴하게 표현하면 짬뽕이랄까? 그렇다면 이희문의 크로스오버는 융합일까, 짬뽕일까?

"댄스 뮤직을 좀 좋아하다 보니까 제 몸에 이렇게 체득돼 있던 그런 것들 사이에 그냥 민요가 들어오면서 자연스럽게 섞이는 것 같아요."

극과 극을 달리는 세 명의 어머니 덕분인지도 모르겠다. 어머니인 경기민요 명창 고주랑에게 소리를 공기놀이하듯 배웠다. 27세에 늦깎이 국악인이 된 이희문을 지지한 건 그의 소리를 한눈에 알아본 이춘희 명창. 그리고 이후 현대 무용가 안은미를 만나 소리에 파격적인 몸짓을 얹었다. 이희문만의 크로스오버는 그렇게 다듬어지고 만들어졌다.

"비주류 전통 음악을 하면서 항상 마음의 빚을 지거든요. 그 마음의 빚을 나눠 줄 수 있는 사람이 되고 싶어요."

짬뽕은 육해공 산해진미를 모두 섞어 끓인다. 맛은 있지만, 주재료가 없다. 이희문의 소리엔 주재료가 명확하다. 바로 경기민요다. 주재료의 맛이 강하고 싱싱하니 절대 그 요리엔 실패란 없다. 이희문의 크로스오버가 삼거리 중국집 짬뽕과 비교될 수 없는 이유다.

Manner maketh 이희문,
섹시함 속 섬세함

외않되?

몇 년 전 꽤나 유행했던 말이 있다.

외않되?('왜 안 돼?'라는 뜻. 맞춤법 파괴 밈으로 쓰이는 '외않되'는 원칙을 깨고 안 될 것 같은 일을 해내온 소리꾼 이희문과 참 닮았다.)

아나운서로서 이 말을 쓰면 뭔가 크게 잘못하는 기분이지만, 이 단어가 딱 들어맞기에 써본다. 일종의 길티 플레저(guilty pleasure)다. 아무튼 이희문은 '외않되?'를 실천한 사람이다.

착실한 날라리, 섹시한 소리꾼

어떤 공연에선 화려한 색깔의 머리에 코르셋을 입고 킬힐을 신고 섹시하게 춤을 추고, 또 다른 공연에선 갓을 쓰고 장구를 들고 화장기 없는 얼굴로 전통 경기민요를 한다.

킬힐을 신고 춤을 추며 공연하는 영상의 소리를 끄고 보면, 이게 경기민요 공연이라는 걸 알 사람은 없다. 드래그퀸 퍼포먼스인가 싶기도 하다.

그런가 하면 갓을 쓰고 화장기 없는 얼굴을 하고 미소 짓는 사진 속의 그는 심지어 앳된 소년처럼 보일 정도다.

그는 대체 누구인가. 섹시한 날라리인가, 착실한 소리꾼인가?

범 내려오기 전에 이희문 내려왔다

그를 처음 본 것은 NPR Music이라는 채널의 〈Tiny Desk Concerts〉를 통해서였다. 미국 공영 방송인 NPR에서 제작하는 영상으로, 작은 책상을 두고 그 앞에서 콘서트를 하는 것이다. 여기에는 아델, 존 레전드, 빌리 아일리시 같은 미국의 톱스타들이 거쳐갔고, 한국 아티스트로는 대표적으로 BTS가 여기서 공연을 했다. 그리고 BTS보다 3년 먼저, 2017년 이희문이 공연을 했었다.

"앙! 앙!" 하는 추임새와 함께 나오는 노래는 분명 민요인데 민요가 아닌 것 같았다. 이희문이 당시 결성한 '씽씽'이라는 민요 록 밴드가 공연한 건데, 당시 이희문은 잔뜩 부풀린 붉은 색깔의 아프로 스타일 머리를 하고 선글라스를 끼고 노래를 했다. 타이니 데스크 콘서트에서 한국, 아시아 밴드가 최초로 공연했던 거라고 한다. 당시 많은 사람이 이희문을 통해 이른바 '국뽕'을 맞기도 했다.

섬세함으로 빚은 화려함

이희문은 〈이야기를 담다〉 촬영 날, 금발 머리에 카멜색 타비 부츠(발가락이 갈라진 형태의 신발)를 신고, 청청 패션으로 예상보다 점잖게(?) 하고 왔다.

무슨 색 머리를 하고 올까? 드레스를 입고 오려나? 하지만 그는 톤 앤 매너를 맞춰 옷도 헤어스타일도 타협점을 찾은 것 같았다.

"인터뷰 같은 녹화는… 옷을 너무 화려하게 입기도 뭐하고…"

이전 〈이야기를 담다〉 방송을 모니터링하고 왔단다. 그래서 신발에 포인트를 주기로 했다는 것이다.

"영상들을 보니까 신발이 나오더라고요."

그는 '외않되?'라는 질문을 던지며 안 될 것 같은 걸 되게 하는 사람이지만, '무작정' 하는 사람은 아니다. 소리꾼 이희문의 모든 것이 하나의 쇼라면, 그는 그 쇼를 볼 사람들에게 어떻게 다가갈지 그들의 시선과 감정을 배려하는 사람이었다.

그는 착실한 날라리, 섹시한 소리꾼이었다.

> **03**
>
> ## 나를 다시 유혹해~

　오전 11시 45분, "이희문 씨 도착했습니다." 녹화 시간은 오후 2시. 허둥지둥 밥을 먹다 회사로 복귀한다. 보통 녹화 시간 30분에서 1시간 전에 출연자가 도착하는데, 그는 무려 두 시간 전에 도착했다. 메이크업과 의상이 모두 준비된 상태로! "식사하셨어요?"란 질문에 "아뇨. 녹화 전에는 아무것도 먹지 않습니다"라고 대답한다. 첫 대화에서 그의 성격이 고스란히 느껴진다.

성덕한 민해경 덕후

　'나를 다시 유혹해~~'
　편집이 끝나고 그가 부른 민해경의 〈그대 모습은 장미〉란 노래

가 수능 금지곡처럼 며칠 동안 귓가에 메아리쳤다. 이희문과 함께한 2~3시간, 그의 유혹에 넘어가기엔 충분했다. 단발머리 가발을 쓴 그에게 작가가 갑자기 민해경의 춤을 요청한다.

"어렸을 때는 예뻤는데 이제는 나이가 들어서…."

쑥스러워하면서도 그는 높은 힐을 신고 무반주에 노래를 부르며 춤을 춘다. 부끄러운 듯 솜 타래 같은 웃음을 머금은 채….

"나를 다시 유혹해 오늘도 그 향기로~"

어릴 적 부모의 부재로 혼자 보내는 시간이 많았던 이희문, 그를 유혹했던 건 심신도 소방차도 아닌 민해경이었다. 그에게 민해경의 춤과 노래는 그냥 세상이었다. 친구도 필요 없었고 매일 민해경의 방송이 녹화된 테이프를 봤다.

이희문: 얼마 전에 〈강남 무지개〉라는 제 중고등학교 시절을 이야기하는 작품을 했는데 누나가 출연해주셨어요. 진짜 제가 누나의 백댄서가 되는 꿈을 이뤄줬어요. 〈그대 모습은 장미〉를 누나가 부르시

고 제가 백댄서가 되어 열심히 추는 꿈이었죠.

성공한 덕후 이희문, 자신의 분야에서 성공해 어릴 적 우상이었던 민해경을 만나기까지 그는 얼마나 많은 시간 춤을 추고 노래를 했을까?

심리학자 안데르스 에릭손은 "성공하려면 최소한 1만 시간 정도의 훈련이 필요하다"고 말했다. 빌 게이츠, 모차르트, 비틀스도 1만 시간의 훈련을 통해 성공의 반열에 올랐다고 한다. 안데르스 에릭손의 말은 이희문의 시간을 두고 말한 게 아닐까?

다시 찾아온 유혹

방송이 나간 몇 달 후, 이희문의 공연이 있었다. 음향 장비와 장구 하나, 무대는 의외로 단출했다. 화려한 밴드와 함께 흥겨운 무대를 기대했던 나의 예상은 빗나갔다.

이희문 프로젝트 〈요(謠)〉는 긴아리랑을 시작으로 난봉가 메들리까지 전통 민요를 현대적으로 재해석했다. 몽환적인 신디사이저 비트 위에서 전통이 품은 깊은 감성이 피어났다. 편집하면서 봤던 화려했던 의상과 춤들, 기존의 틀을 깨고 민요도 이렇게 신날 수 있다는 것을 보여준 이희문은 없었다.

곱게 한복을 차려입고 갓을 쓴 이희문은 기본에 충실한 민요를 불렀다. 단지 몸을 살랑살랑 흔드는 그의 모습만 있을 뿐이었다. 그런데 〈이별가〉에서 눈물이 나왔다. 화려한 퍼포먼스도, 신나는 비트

도 없었지만 그 간결한 가락이 애달프다 못해 처연했다. "기본이 잘 다져져야 색다른 공연들도 할 수 있다"라는 그의 인터뷰가 기억났다. 그날 그는 나를 다시 유혹했고, 그 유혹은 언제나 깊고 진한 여운을 남겼다.

> ─ 〈이야기를 담다〉, 그 후 ─
>
> # 청청 패션과 함께한 편안한 인터뷰

때와 장소에 맞는 비주얼과 그에 따른 준비 과정은 저에게 늘 '행복한 부담'입니다. 경제 방송 채널이라 처음엔 '조금은 무거운 분위기가 아닐까?' 하는 고민도 있었어요. 그래서 오히려 그 형식을 가볍게 비틀고 싶었고, 제가 택한 해답은 바로 '청청 패션'이었습니다. 데님이 가진 자유롭고 개방적인 느낌, 전형성을 탈피한 감각이야말로 지금의 제 예술 활동을 가장 잘 설명해주는 이미지 같았거든요. 무대에서 늘 다른 색깔을 시도해왔듯이, 이번에도 '내가 입는 것 자체가 메시지다'라는 생각으로 준비했죠. 지금 돌이켜봐도 참 잘한 선택이었다고 생각합니다.

그날 촬영장 분위기는 정말 특별했어요. 이담 아나운서가 먼저 다가와 반갑게 인사를 건네고, 대기 중에도 끊임없이 따뜻한 에너지를 나눠 주셔서 처음부터 마음이 놓였습니다. 인터뷰 내내 시간이 흐르는 줄도 모르고, 제 이야기를 너무도 자연스럽게 풀어낼 수 있었습니다. 그동안 인터뷰 자리에서 하지 못했던 말들, 말하고 싶지만 타이밍을 놓쳤던 진심들이 하나둘 흘러나오더라고요.

무엇보다 좋았던 점은 이 프로그램이 '답을 정해두지 않은 질문들'로 저를 만나줬다는 것입니다. 형식에 맞춰 끼워 넣는 느낌이 아니라, 오히려 저 스스로를 돌아보고, 내가 왜 이 길을 걷고 있는지, 앞으로 어떤 소리를 낼 것인지, 그 방향성을 다시 정리할 수 있는 귀한 시간이 되었어요. 단지 소리꾼으로서의 활동을 말하는 자리가 아니라, 인간 이희문으로서 지금의 내 감정과 생각을 나눌 수 있었던, 그런 진짜 인터뷰였다고 말하고 싶습니다. 방송을 통해 그 진심과 자유로움이 시청자 여러분께도 잘 전해졌기를 바랍니다.

이희문

▶방송 다시보기

문이과 융합형 가수
윤하의 무한도전

윤하 가수

감성적인 보컬과 깊이 있는 음악 세계로 사랑받아 온 가수 윤하는 데뷔 20주년을 맞이한 지금도 여전히 성장 중인 아티스트다. 〈비밀번호 486〉, 〈사건의 지평선〉 등 수많은 히트곡으로 대중과 긴 호흡을 이어온 그는 자연과 생명에서 영감을 받은 7집 앨범을 통해 성장을 이야기하며, 앞으로도 멈추지 않고 꾸준히 노래하는 아티스트로 남고 싶다고 말한다.

01
윤하여야 하는 이유

5분 1초

보통 3~4분 정도인 대중가요 중에서 5분을 넘기고도 히트한 곡은 흔치 않다. 이승철의 〈희야〉 5분 33초, 조용필의 〈킬리만자로의 표범〉 5분 20초, 그리고 5분 1초짜리 윤하의 〈사건의 지평선〉이다. 하지만 〈희야〉는 빗소리로, 〈킬리만자로의 표범〉은 낭독으로 일부 채워졌으니 실제 노래 분량으로만 따지면 〈사건의 지평선〉이 최고 아닐까?

길기만 한 것도 아니다. 높기도 높고 어렵다. 최고 음은 진성으로 하면 3옥타브 레, 가성으로 하면 3옥타브 파#, 부르다 숨 넘어가기 십상이다.

"〈사건의 지평선〉은 성량을 조금 포기하고 숨을 확보하고 불러야 해요. 모든 음조를 다 크게 웅장하게 부르려고 하면 너무 힘든 곡입니다."

원곡자도 인정한 어려운 곡. 하지만 이것 하나만 잘하면 윤하 못지않게 노래할 수 있다고 귀띔해주었다.

"〈사건의 지평선〉가사 중에 '저기, 사라진 별의 자리'에서 '저기~', '여긴, 서로의 끝이 아닌'에서 '여긴~' 이 도입부만 힘주어 잘하면 됩니다."

하지만 이론과 실제는 다른 법. 아무리 '여기~ 저기~'를 외쳐봐도 바로 안다. 우리는 모두 윤하가 될 수 없다!

윤하가 숨길 수 없는 것

얼마 전 윤하가 결혼 소식을 알렸다. 든든한 짝을 만났다며 팬 카페에 자필 편지를 올렸다. 팬들은 꽤 놀란 것 같지만 사실 난 예상했다.

"그 질문은 빼주셨으면 좋겠어요."

인터뷰 준비 과정에서 그 어떤 질문도, 그 어떤 요청도 마다 않던 가수 윤하가 딱 하나 조심스러워하는 질문이 있었다. 스캔들. 과거엔 예능에서도 술술 털어놓던 스캔들을 애써 꺼리는 이유는 딱 하나! 사랑하는 이를 위한 윤하의 배려였던 것이다.

사람에게는 숨길 수 없는 세 가지가 있다지 않나. 기침과 가난, 그리고 사랑! 그래서 인터뷰 내내 사랑에 빠진 윤하는 더 빛나고 더 아름다웠다.

02
개복치, 참을 수 없는 존재의 위대함

사랑할 때는 〈비밀번호 486〉, 헤어지면 〈오늘 헤어졌어요〉, 비가 오면 에픽하이와 함께한 〈우산〉, 싸이월드를 이용했던 세대에게 가수 윤하의 노래는 인생의 BGM이다.

범상치 않은 길

이렇듯 대중적인 가수이기도 하지만, 윤하는 좀 달랐다.

데뷔부터 달랐다. 2004년 일본에서 데뷔했다. 드라마 수록곡 부를 한국 여가수를 모집한다는 일본 제작사에 데모 테이프를 보냈다고 한다. 열일곱 살 어린 나이에 일본에서 정말 많이 고생했다.

가는 길도 달랐다. 〈사건의 지평선〉이라는 곡이 역주행했을 때,

윤하는 한 인터뷰에서 "제작할 때부터 돈을 벌려는 앨범이 아니라, 아티스트의 지금의 가치관을 기록하는 내용을 완성하자는 의미에서 낸 앨범이었다"고 했다.

그리고 당시 한 음악 평론가는 "윤하는 저물어가는 아날로그 시대의 맥을 잇는 상징적인 아티스트다"라고 했다. 이 말은 윤하를 이해하는 윤하의 많은 팬을 뭉클하게 했다.

다 큰 개복치

인터뷰 당시 그녀가 불러줬던 범상치 않은 곡은 〈태양물고기〉였다. 개복치의 영어 이름이 Sunfish, 이를 우리말로 하면 태양물고기다. 그녀가 바로 '성체가 된 태양물고기'였다.

흔히 개복치(태양물고기)는 그저 멘탈이 유리 같은 사람들을 뜻할 때 사용한다.

하지만 개복치는 억울하다. 이미 성체가 된 개복치는 사실 대단한 경쟁력이 있는 물고기다. 2억~3억 개의 많은 알 중 1~2마리만 성체로 자라고, 몸길이는 최대 4미터에 무게 2000킬로그램까지도 커진다. 수명이 20년이나 된다. 게다가 개복치는 태양을 쬐러 수면 위로 떠 올랐다가, 깊은 바다인 심해 800미터까지 헤엄친다. 꽤나 부지런하게 심해와 수면 위를 오가는 물고기다. 주변이 어두울 땐 자체 발광으로 스스로 빛을 내기도 한단다. 그녀와 태양물고기가 꽤 닮아 있다는 생각이 들었다.

어릴 때부터 그녀를 봐와서일까? 여전히 국민 여동생 같지만, 사실 그녀는 이미 데뷔 20년 차 중견 가수다. 체조경기장에서 단독 콘서트를 했고, 그 큰 경기장을 전석 매진시킨 무게감 있는 국민 가수다.

윤하는 직장인처럼 매일 작업실로 출퇴근을 한다고 했다. 매일 오후 1시에 출근해 10시에 퇴근하며 하루하루 한 작품, 한 작품씩 만들어나간다는 것이다. 참 부지런하다.

그녀는 감성적인 발라드부터 강렬한 록까지 장르를 불문하고 모두 멋지게 소화한다. 드라마나 영화, 예능에서도 두각을 나타냈고, 전시회도 열었다. 자연, 미술, 음악을 즐길 수 있는 오감형 전시였다. 스펙트럼이 끝없이 넓은 아티스트다.

'고윤하의 성장이론', 앞으로가 더욱 기대된다.

03
윤하의 과학 실험실, 음악이 피어나다

윤하 소속사의 세금계산서를 보고 눈을 의심했다.

'업태: 전문 과학 및 기술 서비스업'.

엔터테인먼트가 아닌 과학? 이게 바로 '음악하는 과학자', 가수 윤하의 정체성이었다. 물리학자 김상욱 교수는 "윤하는 한국 과학계의 은밀한 조력자입니다"라고 말했다. 과학 전문가들조차 인정하는 가수인 것이다.

미스터리한 노래 〈사건의 지평선〉

〈사건의 지평선〉으로 역주행 히트를 기록한 윤하는 "이 노래 대체 누가 쓴 거야. 힘들어"라고 말했다고 한다. 아이러니하게도 그 노래는 그녀가 작사하고 작곡한 곡이다. 이 곡은 음역대가 높아 부르기도 어렵지만, 그 의미 또한 과학적 사고로 쉽게 이해하기 힘들다.

블랙홀에서 넘어가는 경계를 〈사건의 지평선〉이라고 한다. 내부에서 일어난 사건이 외부에 아무런 영향을 미치지 않게 되는 경계면이다. 과학적으로 매우 중요한 개념인데, 윤하는 이를 연인들의 영원한 이별로 재해석했다.

하나둘 추억이 떠오르면
많이 많이 그리워할 거야
고마웠어요 그래도 이제는
사건의 지평선 너머로

- 〈사건의 지평선〉 가사 中

이 노래로 윤하는 한국어연구회에서 감사패를 받고 고등학교 교과서 문학 지문에도 실리게 되었다. "깊이 있는 한국어로 세대를 아우르며 많은 사람에게 위로와 감동을 건네주었다"라는 이유였다.

그뿐만 아니라 청와대 우주 개척자 간담회에 초대되어 노래가 아닌 스피치까지 했다.

윤하: 저도 그게 굉장히 미스터리한 부분인데요. 저는 당연히 노래를 부르러 간 줄 알았는데, 스피치를 해야 한다고 하더군요. 저도 너무 놀랐습니다. 무척 긴장된 자리였습니다.

우주 개척자와 인공위성 개발자 등 과학 전문가들 앞에서 스피치를 하다니, 그들도 가수 윤하가 과학에 진심이라는 것을 알았을 것이다.

제 음악은 가요입니다

과학과 예술의 경계를 허문 윤하가 7집 앨범 〈GROWTH THEORY〉을 안고 녹화장을 찾았다.

타이틀곡 〈태양물고기〉를 포함해 〈맹그로브〉, 〈죽음의 나선〉, 〈로켓방정식의 저주〉, 〈구름의 그림자〉, 〈새녘바람〉 등 노래 제목들이 심상치 않다.

윤하: 호주로 여행을 갔다가 태양물고기와 맹그로브라는 나무에 감정이입이 되어, 어떤 생명체와 종에 대입해 우리의 이야기를 풀 수 있지 않을까 생각했어요. 진입장벽이 높다고 생각하실 수도 있지만,

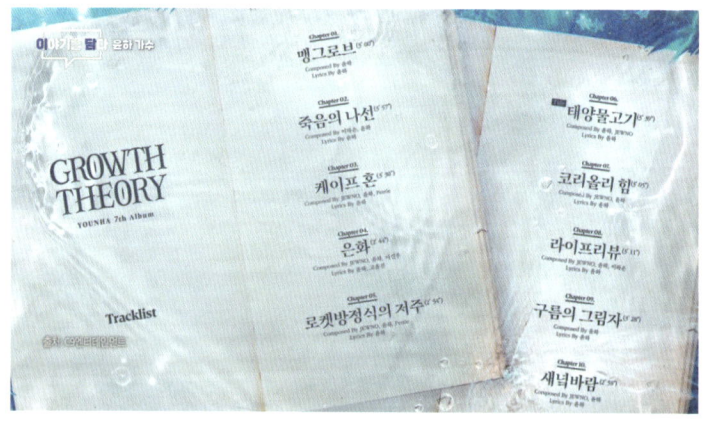

저는 학자가 아니고, 제 음악은 가요입니다. 하하하.

그녀는 자신이 아닌 타인의 눈, 태양물고기와 바다 나무의 눈, 대지와 바다를 누비는 구름의 눈으로 세상을 바라본다. '공감대 렌즈'라는 색다른 시각으로 단순한 멜로디를 넘어 우리의 사고방식까지 확장시켜 준다.

북극에서 오로라를 보고 온 윤하는 "오로라는 자기장이 우리를 감싸주고 있는 거잖아요. 너무 감동적이었어요. 지구에 있는 우리가 방사선 맞지 말라고… 고맙게도"라고 말했다.

'고마웠다' 말하는 〈사건의 지평선〉과 '별일 아닐 거라' 말해주는 〈태양물고기〉 노래에도, 오로라라는 자연현상을 감상하면서도 모든 순간에 감사함을 느끼고 있다. 그녀는 긍정의 힘을 노래하며, 세상을 '윤하다움'으로 물들이고 있는 게 아닐까? 두 번째 스무 살을 맞이했다는 윤하, 앞으로 그녀가 펼쳐낼 독특한 시각으로 바라볼 세상이 더욱 기대된다.

▶방송 다시보기

주방 보조에서 총수까지,
여경래의 인생 레시피

여경래 셰프

'중식 경력 50년의 대가' 여경래 셰프는 깊이 있는 손맛과 섬세한 디테일로 한국 중식 대표 명장이다. 오랜 시간 주방에서 쌓은 내공을 바탕으로 세계중국요리협회 부회장, 한국중국요리협회 회장을 맡아 후배 양성과 중식의 세계화에도 앞장서고 있다. 최근에는 요리 예능 프로그램에도 도전해 명장의 품격을 보여주며, 자신보다 후배를 빛내는 태도로 깊은 감동을 남기기도 했다.

01

맛있는 깨달음

칼은 누가 어떻게 잡느냐에 따라 사람을 죽이기도, 살리기도 한다. 강도가 칼을 들면 사람을 해하고, 외과의가 칼을 들면 사람을 살린다. 그리고 셰프가 칼을 들면 사람들은 행복해진다. 여경래 셰프는 칼판장 출신이다. 중식계에서 '전설의 칼잡이'로 통한다. 당대 최고의 중식 대가인 왕춘량 사부에게 사사 받은 실력자다.

"중학교 졸업과 동시에 중식에 입문했어요. 화교였기에 직업을 선택할 여지가 많지 않았죠. '기술'을 배우라는 어머니 말씀을 듣고 요리를 시작했는데, 그때 제 꿈이 칼판장이었죠."

도끼에 가까운 칼날에 힘줘서 찍어 내리면 뼈째 토막을 낼 수도 있는 중식도는 칼질법이 약 100여 개에 이른다고 한다. 뼈와 살을 분리하는 발골부터 아기자기한 꽃장식까지 중식도 하나면 충분하다.

도끼 같은 칼을 커터 칼처럼 자유자재로 다루자니 얼마나 쉼 없는 연습이 필요했으랴! 이 능수능란한 칼질 못지않게 여경래 셰프가 오랜 시간 연습한 기술이 하나 더 있다. 그것은 바로 웃음.

"3년 동안 웃는 연습을 했어요. 버스나 지하철에서, 음식을 만들다가도 하하하 웃어버렸어요. 그래서 제 별명이 또라이예요."

그는 내성적인 성격에 소심한 데다 대인 관계가 원만하지 못했다고 한다. 성공을 위해 달리기만 하는 자신과 달리 늘 웃으며 즐겁게 일하는 후배가 부러워 억지로 웃기 시작한 지 3년. 표정이 바뀌니 인상은 펴지고 성격이 달라지니 인생도 즐거워졌다.

칼을 어떻게 쓰느냐에 따라 사람을 살리기도 죽이기도 하듯이, 마음 역시 어떻게 쓰느냐에 따라 행복하기도 불행하기도 하다. 여경래 셰프가 전한 세상에서 가장 맛있는 깨달음이다.

02
RESPECT RECIPE, 리스펙을 만드는 레시피

그때나 지금이나

8년 전, 쿠킹쇼 진행을 부탁받았다. 여경래 셰프의 쿠킹쇼였다. 요리의 '요' 자도 모르지만, 워낙 유명하신 여경래 셰프는 알기에 바로 부산으로 달려갔다.

8년 후, 〈이야기를 담다〉에 여경래 셰프를 모시게 됐다. 넷플릭스의 요리 경연 프로그램 〈흑백요리사〉의 여운이 진하게 남아있을 시기라, 바쁘실 걸 알지만 조심스레 연락을 드렸는데 반갑게 인사해주셨다.

여 셰프의 제자인 박은영 셰프가 한 방송에서 "여경래 셰프님은 인연이 닿으면 끝까지 최선을 다하는 사람이다"라고 한 적이 있다.

그래서였을까? 흔쾌히 〈이야기를 담다〉에 출연해주셨고, 인터뷰 내내 하하 웃으며 기분 좋은 시간을 보냈다.

여경래 셰프는 처음 뵀을 때도 시종일관 환하게 웃으셨다. '아재 개그의 달인'답게 당시 쿠킹쇼에서도 아재 개그를 선보이셨던 기억도 난다.

중식은 유독 강도 높은 체력과 기술을 요하는지라 중식 주방은 유난히 군기가 세다는 이야기가 있다. 열여섯 살에 홀로 상경해 그런 주방에서 일하며 중식의 대가가 되셨으니, 무섭지 않을까 싶었는데 오해 가득한 선입견이었다. 되레 수더분해 보이셨다.

여경래 셰프의 식당 직원들이 여 셰프에게 딱 하나 힘들어하는 건 '아재 개그'라고 한다. 아재 개그만이 직원들을 힘들게 한다는 건 그만큼 직원들에게 좋은 셰프라는 것의 반증이기도 했다.

존경받는 셰프

2024년 〈흑백요리사〉에 여경래 셰프가 나오자 모두가 놀랐고, 의아해했다. 요리 경연 프로그램에 여경래 셰프가 나온다고 하니 당연히 심사위원이겠지 했는데… 경연 참가자로 나온 것이다. 왜? 왜 경연에 나오셨을까?

"재밌을 것 같네요."

잠자고 있던 열정을 깨우는 계기를 갖고 싶으셨다고 했다.

그런데 해당 경연에서 '철가방 요리사'로 나온 한참 후배인 임태훈 셰프와의 대결에서 탈락을 했다. 아무도 예상하지 못했던 상황이

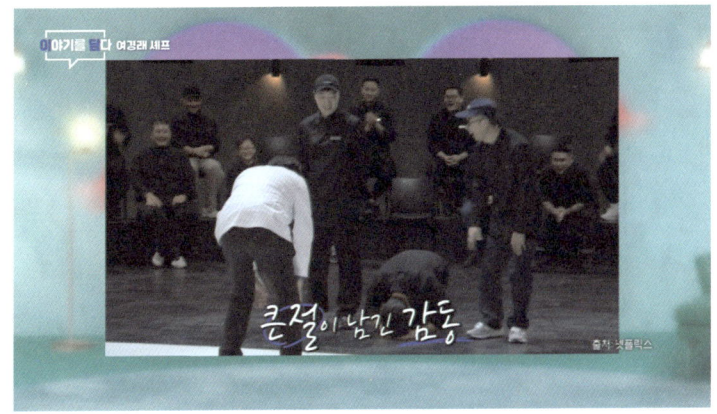

었다. 하지만 이후 여경래는 더 존경받게 됐다. 탈락하며 했던 말들, 보여줬던 태도 덕분이었다.

"이제 젊은 사람들이 많이 해야죠."

임태훈 셰프는 여경래 셰프에게 감사와 존경의 큰절을 올렸다.

어떻게 탈락하는 순간에 그런 말을 하게 됐냐는 질문에 여 셰프는 그냥 평소 하는 생각을 말로 했을 뿐이라고 하셨다.

여경래의 요리가 대단하다는 건 다들 안다. 한국중국요리협회 회장이자 세계중국요리협회 부회장이기도 한 그는 중국 정부에서 인정한 100대 중국요리 명인이다. 이제는 그가 좋은 사람이라는 것도 모두가 알게 된 셈이다.

인터뷰를 마치고 감사 메시지를 주고받는데, 7년 전 함께 찍은 사진을 보내주셨다. 그때도 지금과 같이 기분 좋은 표정을 짓고 계셨다. 여경래 셰프는 웃으려 하다 보니 본인이 웃는 것과 어울리는 사람이라는 걸 알게 됐다고 한다. 사진만 봐도 하하하 셰프님의 웃음소리가 들리는 것 같다. 하하하 웃는 게 정말로 잘 어울리시는 분이다.

03

칼판장,
꿈의 조각을 다듬다

"아, 집에 갈 수 있다!"

여경래 셰프의 인터뷰 마지막 말이다. 한숨 같은 안도감이 느껴졌다. 녹화 내내 웃음과 즐거움이 가득했지만, 그 이면에는 힘든 시간이 숨겨져 있었던 것 같다.

"얼마 전에도 녹화 중단했어요. 오한이 나고 체력이 너무 떨어져서…. 일의 노예가 된 느낌이다. 일단은 쉬자. 한 템포만 쉬자."

〈흑백요리사〉 탈락 소식에도 오히려 '이제 좀 쉴 수 있겠다' 싶었단다. 그의 목소리에 지친 기색이 묻어났다.

주방을 책임지는 셰프, 중국요리 100대 명인, 프랑스 '라 리스트(La Liste) 1000'의 주인공. 그 화려한 업적 뒤에 숨겨진 부담과 고난이 얼마나 컸을까?

짬뽕도 못 만드는 주방장?

칼판장, 불판장, 면판장을 중식 주방의 삼총사라 한다. 칼로 빚어내는 요리만 백 가지. 그의 칼판장 시절 이야기가 시작된다.

여경래: 호텔 들어가서 부주방장으로 일했던 적이 있어요. 호텔 상무가 와서 짬뽕 하나 해달라고 해서 만들었는데 맛이 없다고 하는 거예요. 하하하. 그런데 부끄럽지 않았고 '이제부터 시작이다' 하고 오히려 더 오기가 생겼어요.

주방의 총수, 칼판장이란 자리. 그 위세가 대단했을 텐데 짬뽕의 굴욕에도 부끄럽지 않고 오히려 오기가 생겼다. 그는 '싫은 소리 한 번 들으면 한 가지 더 배워진다'라는 생각이 들었다고 한다.

음악에서 화음이 아름답게 들리려면 그 앞에 불협화음이 있어야 한다고 한다. 인생도 음악과 같은 게 아닐까? 화음 앞에 불협화음이 있기 때문에 인생을 아름답다고 느낄 수 있을 것이리라.

인생의 정점을 누리고 있는 여경래 셰프. 〈이야기를 담다〉를 다시 보며 인생 선배님들의 지혜를 빌려 인생을 걷고 싶다고 말한다.

"인생의 정점을 찍은 분들이 많이 나오셨는데, 내리막길을 어떻게 준비하는지, 우린 다 내려가야 하잖아요."

인생의 정점을 걷는 이가 내일을 준비하는 겸손한 자세는, 그가 왜 이 자리에 설 수 있었는지를 조용히 말해준다. 정상에 선 이의 시선이 오히려 더 낮아진다는 것, 그것이야말로 진정한 높이가 아닐까.

> 〈이야기를 담다〉, 그 후

'불도장' 한 그릇 같은 이야기

〈이야기를 담다〉에서 인터뷰뿐만 아니라 채소를 직접 채 썰어 장식을 만드는 과정까지 보여드릴 수 있어서 정말 재밌었고 색다른 기분이 들었던 기억이 납니다.

또한 제 오랜 요리 인생을 돌아볼 수 있는 기회가 됐어요. 〈흑백요리사〉 출연 이야기부터 셰프의 길을 이은 두 아들, 그리고 제자의 성장까지… 그동안 바쁘게 앞만 보고 달려오면서 깊게 생각해보지 못했던 부분들을 한 번 더 되새길 수 있는 매우 뜻깊고 좋은 시간이었습니다.

〈이야기를 담다〉라는 하나의 무대를 통해 요리사로서의 저를 넘어 '사람 여경래'로서의 저를 돌아보며 삶의 궤적을 정리해볼 수 있는, 제 자신을 더 깊이 이해할 수 있는 소중한 경험이었어요.

　무엇보다 방송을 통해 제 생각뿐만 아니라 음식에 대한 철학, 그리고 중식이 가진 매력을 많은 분들과 나눌 수 있어서 참 기뻤습니다. 요리는 단순히 음식을 만드는 일이라기보다 정성을 담아 사람들에게 전하는 과정이라고 생각하는데요, 그 마음이 시청자분들에게도 잘 전달됐으면 좋겠습니다.

여경래

▶방송 다시보기

TV 속 장면, 눈으로 직관?

스튜디오 삼킨 성량

음악은 공간을 채우고 마음을 울리는 힘이 있다.

가수 김연자가 부른 신곡 〈고맙습니다〉를 듣는 순간, 그 말의 의미를 실감할 수 있었다. 녹음된 음원으로는 담기지 않던 어마어마한 성량과 에너지가 현장을 가득 채운 게 느껴졌다.

듣자마자 눈물은 자동 장착!

팝페라 가수 임형주의 대표곡 〈천개의 바람이 되어〉를 듣는 순간, 20년 전 찾았던 그의 콘서트가 떠올랐다. 오랜 시간이 흘렀지만 변함없는 음색은 여전히 깊

은 울림을 전했고, 그 시절의 감동이 그대로 되살아났다.

영혼까지 정화되는 음색

가수 윤하가 부른 신곡 〈태양물고기〉, 높은 음역대임에도 한결같이 편안했고, 직접 작사·작곡한 곡답게 '윤하 감성'이 고스란히 담겨있었다. 청량한 보컬과 섬세한 가사는 듣는 이의 마음을 정화하는 힘을 가졌다.

혹시 여기가 예술의전당?

뮤지컬 배우 남경주의 무대는 단순히 귀로 듣는 것을 넘어, 온몸으로 전해지는 울림이 있었다. 뮤지컬이라는 장르의 특성 때문일까. 그가 부른 〈더 쇼! 신라하다〉의 인기곡 〈마음을 싣는 일〉에서는 풍부한 감정이 고스란히 전해졌다.

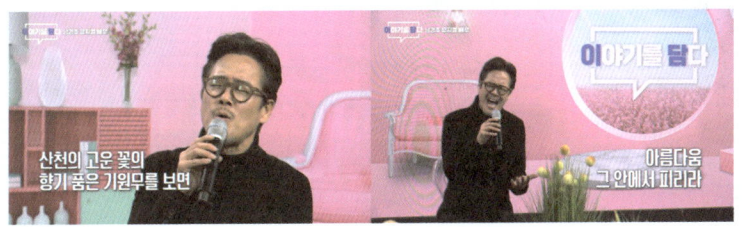

이탈리아 밀라노가 내 눈앞에

성악가 김동규는 압도적인 성량으로 마이크를 찢을 듯한 무대를 선보였다. 노래는 물론 멘트를 할 때조차 매력적인, 억만금을 줘도 살 수 없는 목소리였다.

가을 햇살처럼 포근한 대표곡 〈10월의 어느 멋진 날에〉가 왜 결혼식 축가 1위인지 단번에 알 수 있었던 시간.

'무반주 킬링 보이스' 말해 뭐해

가수 이승철은 무려 무반주로 노래를 들려줬다. 요청하는 대로 거침없이 이어지는 그의 보컬은 말 그대로 '진기명기'였다. 킬링 보이스로 증명한 그의 별명, '라이브의 황제'.

이승철 대표곡 메들리를 들으며 여름휴가를 떠나는 차 안으로 순식간에 되돌아간 듯한 기분. 시간이 아무리 흘러도, 그의 목소리는 여전히 가슴을 두근거리게 한다.

심장 직격, 숨멎 대사

배우 송승환은 연극 <더 드레서>의 한 장면을 직접 들려줬다. "참나무를 쪼개는 천둥번개야, 내 백발을 지져라!"

대사가 끝나자 스튜디오엔 잠시 정적이 흘렀다. 목소리 하나로 공간을 압도하는 힘. 극장에서 느끼는 전율은 얼마나 더 깊을까? 꼭 무대에서 다시 보고 싶다는 생각이 들었다.

Part 4

천성과 천직이
만나다

원키 원톱
레전드 로커

김종서 가수

'록의 전설'로 불리는 김종서는 거친 헤비메탈 사운드와 섬세한 미성의 조화를 이뤄낸 독보적인 보컬리스트다. 〈아름다운 구속〉, 〈대답 없는 너〉 등 수많은 히트곡으로 한국 록의 대중화를 이끌며 40년 가까이 무대를 지켜온 그는 지금도 변함없이 관객 곁에서 노래하며 소통하는 뮤지션이다.

01

로커로 사는 법

왕관의 품격

1992년 1월 30일 대한민국 가요계가 초토화됐다.

"이제 난 누구의 가슴에 안기어 아픔을 얘기해야 하는가~"

이별의 슬픔을 토해낸 한 많은 로커의 절규가 가슴을 무너뜨렸던 그 시절, 앨범 판매 94만 장이라는 어마어마한 대기록을 세우며 황제 로커 김종서의 탄생을 알렸다.

"맥주를 한 캔 두 캔 따서 먹고 있는데 멜로디가 쫙 흘러나오는 거예요. 제작자에게 대충 멜로디를 들려줬더니 당장 녹음하자고 해서 탄생한 곡이죠."

불현듯 스친 멜로디, 운명처럼 다가온 곡 〈대답 없는 너〉는 타이

틀곡조차 마땅치 않았던 신인 김종서에게 화려한 왕관을 씌워주었다.

그렇게 30년이 훌쩍 지난 어느 날, 황제 로커의 실물을 영접한 순간을 나는 잊지 못한다. 왕좌에서 내려왔지만 여전한 1등의 아우라, 세월이 흘렀지만 변함없는 로커의 자존심은 인터뷰 내내 스튜디오를 압도했다.

"LP바는 어릴 적 꿈이었어요. 이곳에서 방송에서 할 수 없는 커버곡도 부르고 언더그라운드 뮤지션들이 와서 연주해요."

시간이 멈춘 듯한 LP바에서 록의 과거와 현실을 품어 안은 황제 로커. 나는 또 한 번 깨닫게 된다. 왕관은 전혀 녹슬지 않았음을….

김종서의 득음

가곡에서 '일청이조'라는 말을 쓴다. 첫째로 목청이 맑아야 하고, 가락은 둘째로 친다는 뜻이다. 판소리는 좀 다르다. 약간 거칠고 쉰 듯한 목소리가 제격이다. 그렇다면 록은 판소리에 가까울까?

"폭포수 아래에서 득음을 해야 되는데 폭포수가 없잖아요. 마포대교 밑에서 매일 연습했어요."

잘하고 싶다는 열망에 목을 혹사시키며 토굴 속에서 발성 훈련을 한 드마라 속 국극단 윤정년은 그를 쏙 빼닮았다. 그런 독공을 통해 고음만 얻었으랴. 인생을 깨달은 것도 역시 닮았다.

"고음은 어떻게 보면 인생이에요. 고음을 내려고 처음부터 힘을 주면 안 돼요. 인생도 그렇잖아요."

소리 안에 인생을 담은 김종서는 득음 고수, 현대판 정년이다.

02
낭만으로의 구속

종서 형님은 낭만

김종서는 내 학창 시절, 수많은 남자 아이들의 아이돌이었다. 그들은 김종서를 '종서 형', '종서 형님'이라 부른다.

그의 노래를 노래방에서 안 불러본 사람이 있을까. 심지어 내 절친은 명절에 가족들이 모여 노래방에 가면 〈아름다운 구속〉을 떼창하곤 했단다.

1999년도 박카스 CF에 들어간 〈러빙 유(Loving U)〉라는 곡이 있다. 앳된 모습의 배우 고수가 여자친구 통금 시간을 지켜주기 위해 그녀의 손을 잡고 뛰는 모습이 담겼다. 김종서의 음성이 얼마나 달콤한지…. 짧은 광고를 보면서도 설렜던 기억이다.

출처: 동아제약

"나는 나 너는 너 서로 비교하려 하지마"

"세상 모든 걸 꾸미려고 하지마 지금 이대로 살면 돼"

4집 앨범의 〈플라스틱 신드롬〉은 원래 곡의 의미가 어찌 됐든 나의 사춘기 시절, 나의 가슴을 울렸던 곡이기도 하다.

"처음이야 내가 드디어 내가 사랑에 난 빠져 버렸어"

〈아름다운 구속〉의 이 대목은 들을 때마다 소름이 돋을 정도다.

어제 겨울비가 내리자 친구가 메시지를 보내왔다.

"겨울비처럼 슬픈 노래를 이 순간 부를까. 김종서 님의 〈겨울비〉가 생각나네~"

김종서는 우리 세대에겐 낭만이다.

그 시대를 살아온 내가 그의 곡들을 조금씩 흥얼거리며 질문을 하면, 그는 이 노래를 어찌 알고 부르냐는 눈빛으로 고마워했다. 모를 수가 있어요? 어떻게 잊나요.

빛나는 레전드, 김종서

녹화 당시 그의 최신곡은 〈별이 빛나는 밤〉이었다. 출퇴근길 그 노래를 듣는데, 덕분에 그 길이 여행 가는 길이 됐다. 어둑해진 시원한 밤길에도 정말 잘 어울리는 음성이다.

이 노래의 앨범 커버 그림 속엔 1996년도의 김종서가 있다. 김종서의 대표곡 〈아름다운 구속〉 뮤직비디오의 한 장면을 그린 그림이었다. 뮤즈의 찬란했던 전성기 시절을 그린 것. 그림 속 김종서가 바로 빛나는 별 그 자체였다. 참 찬란했다.

무죄여도 아름다운 구속

달콤하고 감미로우면서도 시원하고 강렬하게 꽂히는 그 음성은 선물 같다. 그의 노래를 듣고 있으면 그에게, 그 시절로 구속된다.

그야말로 아름다운 구속이다. 구속시켜줘서 고맙습니다.

03
타임슬립한 무대 위의 원키

1990년대 가족 중 남자 형제가 있는 집이라면 크면서 이 가수의 노래를 안 듣고 자란 사람은 없을 것 같다. 올라갈 수도 없는 옥타브의 노래를 오빠는 부르고 또 불렀다.

"비라도 내리길 바랬지~~

이제 난 누구의 가슴에 안겨서"

〈대답 없는 너〉로 시작한 노래는 헤비메탈 세계로 빠져들게 했고, 사춘기 오빠의 헤비메탈 반항은 온 집안을 들썩들썩 흔들어놨다. 왜 김종서의 노래는 이웃집까지 들리도록 크게 틀고 들어야 하는 거였을까? 시원스런 고음이 안겨주는 스트레스 해소감? 내가 이런 노래를 듣고 아낀다는 자만감? 테이프가 늘어지도록 틀어대는 오빠 덕에 나도 부지불식간에 팬이 되었던 시절이 있었다.

김종서의 음악은 단순한 노래가 아니라, 그 시절의 감정과 기억을 담고 있다. 그의 고음은 마치 시간의 문을 열어주는 열쇠처럼 과거의 추억을 소환한다. 그 사춘기 오빠의 돌출구였던 김종서를 만난다. 만남 자체로 마음이 둥글게 부풀어 오르는 시간이었다.

'무모함'의 날개로 날아오르다

타고난 목소리를 갖고도 목에서 '피' 나는 노력을 해야만 성이 차던 그였다. 줄담배를 피우던 가수 조용필. 그 선배의 목소리를 담고 싶은 마음에 하루 담배 3갑을 피웠다고 한다.

김종서: 간절함, 뭐라도 하고 싶었던 그 간절함이 때로는 무모하지만 그것이 저를 이렇게 이끌었어요. 막 목에 쇳소리가 나고 피 냄새가 나고 말을 못 할 정도로 했어요. 무모함이었는데 그런 무모함이 나중에 제가 힘들 때 저를 다시 일으켜주는 어떤 원동력이 되었던 것 같아요.

김종서는 팬들에게 했던 말을 아직도 가슴에 품고 있다. "마지막 숨을 거두는 순간까지 무대에 서고 싶다"고 하던 그의 진심은 시간이 흘러도 변함없다.

김종서: 변하지 않는 김종서로 남는 것, 그게 제겐 도전입니다. 언제까지 할 수 있을진 모르지만…. 청년 시절처럼 원키로 노래하기 위

해 매일을 준비합니다. 팬들의 기대를 저버리지 않는 것, 그것이 제 삶의 이유니까요.

그는 변진섭보다 변진섭 1집 가사를 더 많이 외웠고, 성악으로 기초를 다시 다지고, 스토커처럼 원하는 것을 연구하고 연구했다. 무엇이든 해야 했던 그의 간절함과 무모함이 팬들을 전율시키는 '살아있는 전설' 김종서를 만든 게 아닐까?

얼마 전 단독 콘서트를 성료했다는 기사를 봤다. 세월의 간극을 전혀 의식하지 않은 듯 과거와 같은 원키로 열창했고, 마치 타임슬립한 콘서트장에서 팬들은 떼창을 불렀다고 한다. 여전히 원키로 노래를 부르는 김종서, 그는 그 무모한 도전을 계속하고 있다.

> ─ 〈이야기를 담다〉, 그 후 ─
>
> ## 공감과 존중이 함께한 시간

 아나운서가 진행하는 인터뷰 형식은 저에게 익숙하지 않은 방식이었어요. 다른 인터뷰들보다 딱딱하고 정제된 분위기가 될 것 같아서 약간 긴장했던 것도 사실이에요.

 제가 가진 이야기를 어떻게 풀어낼 수 있을까, 자연스럽게 답변을 이어갈 수 있을까 걱정도 됐고, 인터뷰가 자연스러운 대화라기보다는 일방적인 질문과 답변으로만 이어지지 않을까 하는 우려도 들었습니다.

 그런데 막상 인터뷰를 시작하니 분위기가 부드러워지면서 오히려 다른 곳에서 진행했던 인터뷰보다 훨씬 더 편안한 마음으로 대화에 집중할 수 있었어요. 다양한 수식어를 잠시 내려놓고, 무대 위 가수가 아닌 인간 김종서로서 진솔한 이야기를 나눌 수 있었던 시간이었어요. 제 안에 있는 진심이나 음악에 대한 생각들, 화려한 무대 뒤에 숨겨져 있던 고민까지, 차분히 꺼내놓을 수 있었던 자리였죠.

    인터뷰를 진행하는 동안 진행자가 단순히 정해진 질문을 던지는 게 아니라, 제 이야기를 공감하며 받아주고 존중하며 자연스럽게 대화를 이끌어가는 모습이 정말 인상 깊었습니다. 끝나고 나서도 오랫동안 그 여운이 남았던 이유는, 바로 그런 진심 어린 교감 덕분이 아니었을까 생각합니다.

김종서

▶방송 다시보기

클래식 입은
멋쟁이 신사

금난새 지휘자

클래식 대중화의 선구자, 금난새 지휘자는 〈해설이 있는 음악회〉를 통해 클래식과 대중 사이의 거리를 좁혀왔다. 작은 지방 공연장에서부터 국제 평화 음악회까지 음악이 닿을 수 있는 모든 곳에서 그 울림을 전해온 그는 식지 않는 열정으로 오늘도 무대를 꿈꾸며 세계 곳곳에서 음악으로 소통하는 여정을 이어가고 있다.

01

난새의 영웅

한 번 들으면 절대 잊히지 않는 이름이 있다. 금난새.

이보다 강렬하고 충격적인 이름 석 자가 또 있을까? 김녕 김씨 족보도 무시한 금씨 성에 '하늘을 나는 새'라는 순한글 이름을 가진 1947년생! 같은 또래, 가장 많은 남성 이름은 '영수'와 '영호', 여성 이름은 '명자'와 '춘자'던 시절이었다. '금난새'라고 명명한 선구자적 네이밍은 범상치 않은 그의 삶의 초석을 다졌는지도 모르겠다.

"그냥 한자로 쓰면 될 텐데 아버지가 굳이 한글로 써야 된다고, 성씨도 김(金)씨인데, 금씨로 정했죠."

특이한 이름만큼 특별했던 지휘자. 그는 음악인이면서 기업인이고, 또 기획자이자 교육자다. 인천시립교향악단 상임지휘자, 유라시안 필하모닉의 음악감독 겸 CEO, 뉴월드 필하모닉 오케스트라 음악

감독, 성남시립예술단 총감독, 창원대학교 석좌교수, 모두 열거하자니 입이 아프고 8.9×5.1cm 명함 안에 담기엔 공간이 부족하다.

굳이 무엇을 하지 않아도 되는 한국 최고의 지휘자는 사실 지금 이 순간에도 꽤 바쁘다. 그의 시선이 향한 곳은 일본 히로시마. 1945년 8월 원폭 투하 당시 무려 74만 명의 피폭자가 발생했던 곳이다.

"희생된 분의 영령 앞에서 우리가 그 상처를 치유하자.

전 세계가 전쟁으로 몸살을 앓고 있잖아요. 음악으로 평화의 다리를 놓고 싶어요."

그는 히로시마 평화 음악회를 비롯해 세계 여러 도시를 돌며 전쟁 없는 평화를 염원하는 '월드 피스 뮤직 페스티벌(World Peace Music Festival)'을 준비 중이라고 했다. 전쟁이나 무질서로 살기 어려운 세상에서 세상을 구원한 이를 우리는 난세의 영웅으로 칭한다. 그는 진정한 난세의 영웅, 금난새다.

친절한 난새 씨

검은 연미복과 당당한 걸음걸이, 망설임 없는 확신에 찬 기세, 차가운 침묵과 엄격한 눈빛, 관중을 몰입시키는 단호한 몸짓. 단번에 오케스트라를 압도하는 손짓, 회초리 같은 지휘봉을 잡은 지휘자에겐 친근감보다는 위압감이 앞선다.

하지만 지휘자 금난새는 그 반대다. 지휘봉은 허공에 그림을 그리고 그의 손끝은 늘 춤을 춘다. 박수 타이밍이라도 놓칠까 숨 막히는 공연장에 먼저 관중들에게 말을 거는 금난새. 그의 서글서글한 눈매와 조근조근한 말투는 어려운 클래식으로부터 사람들을 무장해제시킨다. 품격을 해치지 않는 재치 있는 해설은 저 멀리 미국의 대통령마저 홀렸다.

"Mr. President! Would you mind listening to my explanation?"

"대통령님! 제 설명을 들어주시겠어요?"

지휘봉을 휘두르는 자가 아닌 클래식을 아우르는 자! 그래서 나는 그를 친절한 난새 씨라고 부르고 싶다.

02
훨훨 나는 파랑새, 금난새

독수리 금난새

최초의 ○○○, 최고의 ○○○. 클래식. 상임지휘자. 그를 이르는 말들이다.

게다가 금난새. 이름에서 느껴지는 포스 또한 얼마나 대단한가. 금난새 지휘자를 만나기 전, 나는 그가 하늘을 호령하며 날고 있는 큰 독수리처럼 느껴졌었다.

내 친구 중에는 이른바 '샤이 클래식 파'가 있다. 클래식을 좋아한다고 하면 허세 소리를 들을까 봐 그런 말을 못 한단다. 좋아한다고 말하기도 눈치 보이는 그런 장르가 클래식이다.

금난새는 어릴 적 AFKN(주한미군방송)에서 접했던 지휘자 레너드 번스타인의 '청소년을 위한 연주회'에서 큰 감명을 받았다고 했다. 그 연주회에서 레너드 번스타인은 이런 말을 한다.

"Music is never about anything. Music is just it."

("음악은 무언가를 뜻하는 게 아니다. 음악은 음악 그 자체일 뿐이다.")

그 말이 나를 클래식으로부터 무장해제시켰다.

친절한 클래식

그의 음악회는 어렵지 않다. 해설이 있다. 얼마나 친절한가.

그는 우리나라에서 가장 사랑받는 지휘자다. 많은 사랑을 받게 된 계기 중 하나가 바로 〈해설이 있는 청소년 음악회〉였다. 예술의전당 기획 프로그램으로 6년 동안 전회, 전석 매진이었다고 한다.

그의 연주를 유튜브에서 찾아봤다. 흔히 클래식 공연이라고 하면 뻣뻣하고, 웅장하고, 조용한 분위기가 떠오르지만 그의 연주는 좀 달랐다. 곡을 조각내 중간중간 설명했고, 관객은 소리내어 웃는다. 지휘자가 춤도 춘다.

"음악은 서비스업이다."

"위대한 음악을 한다고 해서 자기가 위대한 줄 알면 착각이다."

"할아버지 합창단이나 베를린 필하모닉이나 모두 똑같은 음악이기 때문에 중요하다."

아! 금난새는 이런 사람이다.

수다 떠는 금난새라니

인터뷰를 마치고, 그 어떤 인터뷰이들보다 금난새 선생님께서는 가장 신나게, 가장 오래 우리와 '수다'를 떨고 가셨다. 감히 선생님에게 수다를 떤다라니 싶지만 우리는 정말 수다를 떨었다.

지휘했던 음악회 영상, 사진들을 보여주시며 아이처럼 신나 하시던 모습을 잊을 수가 없다. 그의 눈에선 사랑과 열정으로 빛이 났다. 입가의 미소는 설렘으로 멈출 줄을 몰랐다.

수다가 길어진 김에 여쭤봤다.

"클래식 공연에 가면 부담이 돼요. 박수도 아무 때나 치면 안 되고… 좋아도 너무 좋아하면 안 되고…."

그러자 그가 말했다. "내 공연에 오면 돼요."

이보다 멋진 대답이 있을까?

파랑새 금난새

그는 독수리가 아니었다. 파랑새처럼 경쾌하게 날고 있었다.

세계 곳곳을 다니며 연주한 그에게 가장 기억에 남는 곳을 물으니 울릉도라고 했다. 섬마을 아이들에게 교향악을 들려주고 싶어 무리하게 진행했단다.

또 그는 전쟁으로 시름하는 지구촌에서 전쟁의 상처를 치유하는 음악회를 열고 싶다고 했다. 금난새의 '피스 뮤직 페스티벌'. 이미 아픔이 있는 일본의 히로시마도 다녀왔다.

그는 정말 파랑새다. 그의 연주로 더 많은 사람이 치유됐으면 좋겠다. 행복을 전하는 금난새 지휘자가 더 훨훨 날았으면 좋겠다.

03

금수저도, 불법체류자도 아닌
오직 금난새

녹화장 너머로 선생님의 목소리가 들린다. 며칠 동안 유튜브에서 들었던 목소리라 그런지 내적 친밀감이 올라온다. 부드러우면서도 배려 깊은 목소리에 저절로 미소가 지어진다. 연둣빛 와이셔츠에 녹색 넥타이, 양말까지 초록빛으로 단장하셨다. 지누션의 〈멋쟁이 신사〉 노래가 떠오른다. "멋쟁이 신사 나가신다 길을 길을 비켜라~" 멋쟁이 신사 금난새!

"가난했지만 금수저였다"

아버지는 성악가, 지휘자, 작사·작곡가에 음악 교육학자셨다. 피아노를 배운 적 없는 어머니는 어딘가에서 들은 음의 조성을 재연해

냈다고 한다. 음악을 사랑하셨던 아버지와 어머니, 물질적으로는 가난했지만 '음악 금수저'였던 그의 어린 시절이 펼쳐진다.

금난새: 우리 가족은 진정으로 행복했어요. 부자는 아니었지만, 음악이 있어 풍요로웠죠. 부모님 두 분 다 음악을 사랑하셨고, 가족이 모이면 자연스레 음악회가 열렸어요. 어머니는 악보 없이도 피아노를 치셨고, 그렇게 음악이 일상이 된 우리 집은 늘 행복했어요.

독일 유학 시절, 그는 맥줏집에서 동네 친구들이나 사위와 장인이 함께 부르는 합창을 목격했다. 음악은 콘서트홀의 전유물이 아닌, 일상의 한 부분이어야 한다는 그의 철학이 더욱 단단해지는 순간이었다고 한다.

'음악은 삶 속에 녹아있어야 한다.'

타고난 음악 DNA도 중요하지만, 그가 세계적 거장으로 성장할 수 있었던 건 음악을 편하게 즐기고 사랑했던 가정환경이 있었기에 가능했을 것이다.

"독일 유학, 나는 불법체류자였다"

1974년, 세계청소년음악연맹의 참관인 자격으로 한 달짜리 여권을 받았다. 무작정 독일 대학을 찾아가 지도교수를 수소문했고, 그렇게 만난 이가 라벤슈타인 교수였다. 금난새의 이야기와 음악적 재능을 확인한 교수는 충격적인 제안을 했다.

"내가 너라면 한국에 안 간다. 27세 이미 늦었는데 한국에 가면 더 늦다. 남는다면 내가 가르치겠다."

그는 그렇게 불법체류자가 되었다.

금난새: 교수님은 "가르치는 게 내 직업이고, 마음을 다해 최선을 다하는 것뿐"이라고 하셨어요. 음악적 기술뿐 아니라 인생의 태도를

출처: 금난새

배웠죠. 무료로 받은 모든 수업이 나중에 도움이 필요한 이들에게 손을 내미는 방법이 되었어요. 스승이자 또 한 분의 아버지였어요.

　귀국 후 그는 스승의 가르침을 실천했다. 재능 있는 후배들을 이끌어주고, 소외된 지역에 오케스트라의 아름다움을 전했다. 콘서트홀을 벗어나 공터와 잔디밭에서도 음악은 울려 퍼졌고, 그곳의 관객들은 앵콜(앙코르)을 부르며 기립박수로 화답했다. 녹화가 끝난 후에도 그는 열정적으로 이 순간들을 이야기했다. 야외 공연 영상을 보여주며 관객들의 뜨거운 반응을 자랑스레 전했다.

　77세, 희수를 맞은 나이에도 식지 않는 그의 열정이 놀라웠다. 녹화가 끝난 후에도 여전히 뜨거웠던 그 에너지! 콘서트홀을 넘어 거리로, 마음에서 마음으로 울려 퍼지는 그의 선율은 소외된 곳에서도 꿈꾸는 이들에게 여전히 현재진행형이다. 그의 지휘봉이 멈추는 그날까지 우리는 그가 나눈 음악의 꿈을 노래할 것이다. 지금 이 순간에도 우리는 그의 열정으로 미래를 연주한다.

출처: 금난새

〈이야기를 담다〉, 그 후

두고두고 보고 싶은 특별한 인터뷰

그날 인터뷰는 정말 즐거운 시간이었어요. 아나운서와 인터뷰를 진행한 후 작가님과 추가 인터뷰를 이어갔는데, 이 색다른 구성 덕분에 새로운 느낌이 들어서 인상 깊었죠. 사실 녹화 당일에 컨디션이 좋지 않아 몸이 불편했음에도 불구하고 재미있게 잘 마칠 수 있어 기뻤어요.

인터뷰를 위해 그린 계열로 의상을 맞춰 입었는데요, 초록색이 제 성향을 가장 잘 드러내 주는 색이라 생각해요. 그런데 그날 방송 배경이 핑크색이라서 어울릴지 걱정했는데, 색이 상충되면서 오히려 세련되고 특별한 느낌이 나더라고요.

미래 계획에 대한 질문이 가장 기억에 남았어요. 월드 피스 뮤직 페스티벌을 계획하고 있다는 이야기를 방송에 전할 수 있어 기뻤습니다. '나의 아이디어'라고 표현했지만, 평화를 향한 이 아이디어가 모두의 것이 되어 함께 평화를 향해 즐길 수 있는 축제가 되길 바라는 마음입니다. 방송에서도 이야기했듯이, 2025년에 꼭 좋은 결과가 나올 수 있도록 최선을 다해보려 해요.

독일 유학 시절에 대해 이야기한 부분도 기억에 남아요. 금전적 여유는 없었지만, 마음의 부유함과 정신적 행복감을 통해 진정한 '부자'의 의미를 배웠던 순간을 떠올리며, 저 스스로도 감동을 받았습니다.

또한 어떻게 하면 나이가 들어도 젊은 생각을 유지할 수 있을지, 권위에 얽매이지 않고 늘 새로운 생각을 할 수 있을지를 고민하는 저의 모습을 방송에 담을 수 있어서 기뻤습니다. 〈이야기를 담다〉를 통해 스스로를 돌아보고 현실 속에서 더 나아갈 방향을 다시 한번 찾게 된 시간이었어요.

방송을 통해 저의 새로운 모습을 보신 지인분들이 연락을 주셔서 반가웠고, "금난새의 색다른 모습을 보게 되어 좋았다"는 말을 들었을 때 참 기뻤습니다. 앞으로도 두고두고 돌려보고 싶어지는, 기억에 오래 남을 방송이 될 것 같아요. 이 모든 순간을 생생하게 담아주신 스태프분들 덕분에 저 역시 오랫동안 기억에 남을 인터뷰가 되었습니다.

금난새

▶방송 다시보기

후회 없는 지금을 살자, 아모르 파티

김연자 가수

데뷔 50주년을 맞이한 가수 김연자는 일본 엔카 무대에서부터 국내 트로트 열풍의 중심까지 변함없이 무대를 지켜온 살아있는 전설이다. 〈아모르 파티〉로 전 세대를 아우르며 또 한 번 전성기를 맞은 그는 화려한 퍼포먼스와 깊은 감성으로 대중의 마음을 사로잡으며 과거가 아닌 오늘을 노래하는 영원한 현역 가수다.

01

작은 고추가
매운 이유

　작은 고추는 보통 맵다. 고추는 짐승이나 병충해의 공격으로부터 스스로를 지키기 위해 매운 작물로 진화했다고 한다. 그래서 거친 환경일수록 더 매워진다. 작은 고추가 맵다는 속담은 그냥 나온 게 아니다. 가수 김연자가 그렇다. 제대로 매운 작은 고추다. 가수 인생 50년 참 힘든 시간을 버텨왔다. 남들이 학교 다닐 때 마이크를 잡았고, 잠잘 시간엔 밤무대에 올랐다. 끝까지 노래를 포기하지 않았다. 환경이 척박해질수록 더 강해지는 작은 고추 같다.

　"1974년에 데뷔는 했지만 어려웠어요. 긴 무명 생활이 이어졌죠. 그래서 1988년 일본으로 건너갔어요. 일본어도 못했어요. 발음이 안 좋아 혼도 많이 났어요."

　낯설고 물선 타국에서 홀로서기가 쉬웠을까? 3년 동안의 일본

활동에서 또 실패. 그때 유일하게 그녀를 일으켜 세운 건 어머니였다. 밤무대에 설 땐 밤새 나를 지키는 보디가드였고, 무너져 내릴 땐 든든한 버팀목이 되어 딸을 응원했던 어머니였다.

"일본에서 속상할 때 어머니에게 전화하면, 바로 말씀하셨어요. 돌아와 버리라고…. 향수병에 걸렸을 때 가장 힘이 돼주신 분이 저희 어머님이세요."

세상 모든 어머니의 시계는 늘 내 시계보다 빠르다. 절대 기다려주지 않는다. 그래서 더 마음이 급하다.

"어머니가 많이 편찮으세요."

작은 고추가 운다. 지난 시간의 한을 토해내기라도 하듯. 나는 함께 빌어본다. 가수 김연자에게 오랜 가수 생활이 남아있길…. 그녀의 어머니에게도 오랜 시간이 남아있길….

02
폭풍을 품은 봄바람 같은 사람

형형색색의 화려한 의상. 반짝이는 커다란 액세서리. 카리스마 있는 눈빛. 파워풀한 음성으로 좌중을 휘어잡는 무대.

가수 김연자 하면 떠오르는 모습이다.

2024년 5월 데뷔 50주년을 맞은 김연자 선생님이 〈이야기를 담다〉 1회에 출연하셨다. 〈이야기를 담다〉를 열어주신 소중한 손님이었다.

엔카의 여왕

그로부터 13년 전인 2011년 5월. 진행하던 뉴스 프로그램에서 김연자 선생님을 모셨었다. 일본에서 엔카 가수로 22년 활동하다 돌아

와 국내 활동을 활발히 시작하셨을 때다. 그날 뵀던 김연자 선생님은 참 겸손하셨고, 소녀 같으셨다.

무대에선 다르다. 소녀 같은 모습은 온데간데없어지고, 남다른 에너지와 파워를 보여준다. 특유의 블루투스 창법!

성량이 좋아 입에서 마이크를 멀리 떨어뜨리는 걸로 소리를 조절한다고 한다. 소리가 얼마나 대단한지 마이크를 거의 무릎 위치까지 떨어뜨려서 노래를 해도 수음이 완벽하게 된다.

방송을 통해 볼 때마다 믿어지지가 않았는데, 두 눈으로 실제 그걸 보게 됐다. "와!" 탄성이 절로 나왔다.

나이는 숫자, 마음이 진짜

무대는 저토록 힘이 넘치는데, 대화를 나눌 때는 다시 소녀 모드로 돌아오셨다. "나 오늘 방송한다고 어제 백화점 가서 이 치마 샀잖아요" 하며 붉은 꽃이 그려진 치마를 휘둘러 보이셨다.

　　인터뷰 당시 새 앨범의 타이틀이 〈고맙습니다〉라는 신나는 곡이었다. 신곡의 댄스 챌린지 영상도 같이 찍게 됐다. 영상으로 춤을 보여주시고, 김연자 선생님도 나도 함께 춤을 익히고 영상을 찍었다. 이때에도 소녀같이 좋아하셨던 기억이 난다. 정말 사랑스러우신 분이다.

03

김연자, 운명을 춤추다

 사람에겐 '첫정'이라는 특별한 감정이 있다. 기억의 정원에서 '처음'이란 단어는 설렘과 떨림으로 가득 차 있으며, 때로는 잊을 수 없는 추억으로 새겨진다. 첫사랑, 첫 키스, 첫 만남, 첫눈… 그리고 첫 게스트. 이담 아나운서의 이름을 따서 〈이야기를 담다〉란 프로그램을 기획했다. 몇 달을 정성스레 준비한 첫 방송에 모실 게스트! 첫 방송에 맞는 무게감과 화제성을 동시에 지닌 인물이 필요했다. 그 주인공이 김연자 가수였다.

 긴 시간 기다려서 모신 첫 게스트를 잊을 수가 없다. 시원한 고음 스킬로 스튜디오를 충만하게 만들어주고, 연로하신 어머님을 생각하며 눈물도 흘리고, 댄스 챌린지 숏츠도 먼저 제안해주고…. 방송에서 그야말로 희로애락을 즐겨주시니, 첫 방송하는 피디처럼 행복했었다. 그 첫정이 가슴에 박혀 새겨졌다.

'아모르 파티'… 왜 도는 걸까?

철학 독서 모임을 한 적이 있다. 이해도 못 하는 니체의 책들을 읽어 내려갔고 내게 남은 단어들은 영원회귀, 신은 죽었다, 아모르 파티, 위버멘시, 디오니소스 등등이었다.

그 단어들은 기억 너머의 기억에 남아 삶이 지치고 힘들 때 꺼내 먹는 영양제 같았다.

인간의 위대함을 위한 나의 공식은 아모르 파티다.

- 프리드리히 니체, 《이 사람을 보라》 中

아모르 파티(amor fati)는 '운명을 사랑하라'는 뜻의 라틴어로, 운명애(運命愛)를 말한다.

'운명을 사랑하고 있는 그대로 받아들이며 현재를 즐겨라!'
'피할 수 없는 운명은 기꺼이 받아들여라!'
'삶을 즐겨라!'

진 세대가 즐기는 노래, 김연자의 〈아모르 파티〉는 그녀에게 꿈을 이뤄준 '인생곡'이었다. 2013년에 발표했지만 반응이 없어서 더 활동하지 않은 노래였다. 그런데 가사도 기억 안 나는 노래를 〈열린 음악회〉 PD가 꼭 불러달라고 해서 무대에 올린 곡이었다.

가수 엑소가 그 무대를 보고 SNS에 "이 노래 40초만 들어주세

요"라고 올리면서 이슈가 되고 지금의 〈아모르 파티〉가 탄생하게 되었다.

그녀는 왜 이 노래를 부르면서 도는 걸까?

김연자: 참 희한한 게 카메라 리허설할 때는 어지러워요. 그래서 중간에 조금 쉬어요. 그런데 딱 본방송에 들어가 관객들의 열기, 환호성을 듣다 보면 저도 모르게 그냥 신이 나서 돌아요. 계속 끊임없이 돌게 돼요. 전 가수예요. 가수 빼면 아무것도 없어요. 진짜 진짜 진짜 진짜… 노래하며 춤출 때가 제일 행복해요.

니체의 '디오니소스'는 음악과 춤에 도취되어 하나가 되는 것을 말한다. 더없이 행복한 황홀경에 도취된 디오니소스적인 힘! 김연자 가수가 〈아모르 파티〉를 부르면서 도는 이유는 그 디오니소스의 힘이 자신도 모르게 발휘되는 게 아닐까?

자신에게 실망하지 마

모든 걸 잘할 순 없어

오늘보다 더 나은 내일이면 돼

인생은 지금이야 아모르 파티

나이는 숫자 마음이 진짜

가슴이 뛰는 대로 가면 돼

이제는 더이상 슬픔이여 안녕

왔다 갈 한 번의 인생아

- 〈아모르 파티〉 가사 中

    그녀의 노래를 들으며 되뇌어 본다. 그래, 밟힐수록 더욱 힘이 난다. 삶의 의지가 생긴다. 이 순간이 영원히 반복돼도 후회하지 않을 현재를 만들자. 아모르 파티!

> ─ ⟨이야기를 담다⟩, 그 후 ─
>
> # 50년의 기억을 담다

　　데뷔 50주년이라는 뜻깊은 해에, 그 시작을 ⟨이야기를 담다⟩에서 열 수 있었던 건 큰 의미가 있었어요. ⟨이야기를 담다⟩ 첫 번째 출연자로서 중요한 포문을 연 만큼, 이후 ⟨더 글로리⟩ PART 1, 2, 3까지 이어지는 기념 프로젝트의 단단한 기반이 되어준 방송이었습니다.

　　저를 오랫동안 지켜봐 주신 분들, 그리고 처음 알게 되신 분들 모두에게 저의 50년을 잘 전해드릴 수 있도록 아주 알차고 진심 어린 인터뷰로 이끌어주셨죠. 그날 마셨던 따뜻한 생강차의 향처럼 인터뷰도 오래 기억에 남을 것 같습니다.

　　어머님 이야기를 나눴던 순간, 마이크 퍼포먼스를 보여드렸던 장면, 북한 단독 공연에 대한 추억까지… 그 모든 장면이 참 소중하게 남아있어요. 특히 이담 아나운서와 함께한 쇼츠 촬영도 인상 깊었어요. 안무도 금세 익히고 춤도 정말 잘 추시더라고요. 깜짝 놀랐죠.

    무엇보다 50년 동안 제가 이 자리까지 올 수 있었던 건 팬 여러분과 많은 분들의 사랑 덕분이라는 감사한 마음을, 방송을 통해 진심으로 전할 수 있었던 시간이었습니다. 그 점이 가장 뜻깊고, 오래도록 기억에 남을 것 같아요.

김연자

▶방송 다시보기

희야를 사랑한 남자,
라이브 황제

이승철 가수

수많은 히트곡으로 대중의 마음을 사로잡아온 '라이브의 황제' 이승철은 시대를 아우르는 음악으로 한국 가요사를 이끌어온 국민 가수다. 특유의 감성적인 보컬과 폭발적인 라이브 실력으로 무대를 빛내온 그는 100회 연속 콘서트와 월드 투어까지 준비하며 여전히 뜨거운 열정을 이어가고 있다.

01

이승철의 첫사랑

초두효과라는 심리학 용어가 있다. 먼저 제시된 정보가 나중에 들어온 정보보다 더욱 강력하게 뇌에 영향을 준다는 이론이다. 사랑의 감정을 처음으로 느끼게 해준 이성, 즉 첫사랑이 오래도록 잊히지 않는 이유가 바로 초두효과 때문이다.

가수 이승철의 첫사랑은 '희야'일 거라고 확신했다. 그것도 흔한 첫사랑이 아닌 가슴 사무치는, 눈물 솟구치는 아픈 첫사랑일 거라 생각했다. 그렇지 않고서야, 희야를 목청껏 부르는 목소리가 저리 애달플 수 있으랴! 도대체 '희야'는 어떤 이성이기에 한 번쯤 돌아볼 만도 하건만, 뒤도 안 돌아보고 그를 떠나갔을까 하며 함께 아파했다.

이승철이 '희야' 하고 노래하면 떠난 희야는 돌아오지 않고 모든 여학생은 자신이 희야가 되어 TV 앞으로 몰려들었다. 그때 가수 이승철의 나이는 고작 열아홉이었다.

"감히 생각도 못 했어요, 대박이 날 거라고는. 조용필 선배님의 〈비련〉의 도입부 '기도하는'에서 아이디어를 얻었어요. '기도하는~' 하면 '오빠~' 하면서 소리를 지르잖아요. 그래서 '희야부터 가자!' 한 거죠."

〈희야〉 이후 총 10장의 솔로 앨범이 발표됐고, 〈안녕이라고 말하지마〉, 〈오늘도 난〉… 수없는 메가 히트곡이 탄생했지만 이승철 최애곡은 역시 〈희야〉다.

"〈희야〉가 있었기에 오늘의 제가 있었던 것 같아요. 제 음악 인생에 없어서는 안 될 마치 열쇠 같은 노래, 제 인생의 문을 여는 그런 열쇠 같은 노래죠. 아직도 공연하면 〈희야〉를 이기는 신곡은 없어요."

열아홉 이승철에겐 '데뷔곡' 〈희야〉가 첫사랑이었고, 우리에겐 '희야'를 외치던 가수 이승철이 첫사랑이었다. 그래서 우리는 그를 절대 잊을 수 없다.

02
마음길을 열어주는 마법사

　이담 아나운서가 독감에 걸렸다. 하필 이승철 녹화 때 목소리가 나오질 않는다고 연락이 왔다. MBN 7시 뉴스의 얼굴이었던 차유나 아나운서가 구원투수로 나섰다. 신뢰감 있는 굵은 톤이 매력적인 아나운서였다. 걱정 반 기대 반으로 오전 내내 괜스레 왔다 갔다만 했다. 다행히 첫 질문부터 차유나의 재치가 빛났고, 이승철도 유머러스하게 화답했다.

　둘의 찰떡 호흡은 녹화 내내 이어졌다. 카메라 안팎의 모든 이들을 웃음바다로 만들었다. 각 분야의 프로를 모시고 내가 괜한 걱정을 했구나. 편집하면서도 내내 웃는다.

램프의 요정이 된 가왕

노래 부르는 분들이 나오면 사전 리허설을 한다. MR도 미리 준비하고, 마이크 테스트도 하며, 기술 스태프들은 괜히 긴장 아닌 긴장을 하게 된다. 음악방송을 할 수 있는 음향 시스템도 갖추지 못했고, 간혹 리허설 과정에서 난색을 표하는 아티스트들도 있기 때문이다. 하지만 '가왕' 이승철의 노래는 놓칠 수 없기에 녹화 전에 조심스럽게 묻는다.

"어떤 노래 불러주실 건가요."

"뭐 이야기하면서 하죠. 뭐든 말해요."

이런 여유로운 대답은 처음이라 미소가 지어졌다. 차유나 아나운서에게 신청곡을 맡기고 녹화를 시작한다. "〈네버엔딩 스토리〉를 좋아합니다"라는 그녀의 말이 끝나자마자 이승철의 노래가 시작됐다.

"그리워하면 언젠간 만나게 되는~"

차유나 아나운서를 감미롭게 바라보며 그 힘든 노래를 편하게 부른다. 그녀는 무의식적으로 입을 벌리고 벅차오르는 가슴을 손으로 쓸어내린다.

순간 마음길이 열린다. 지나간 시간 속 아련한 첫사랑처럼, 엇갈린 인연의 그리움을 노래가 깨워낸다. 〈이야기를 담다〉 제작진은 거의 여성이다. 그들의 마음속에 자연스레 감정이 스며든다. 스튜디오와 부조정실 모두에서 탄성이 터져 나온다. 리허설도, MR도 없이 그는 계속해서 노래를 선물한다. 35년 만에 불러본다는 〈마지막 나의 모습〉이란 노래까지, 인기가 없었다던 그 노래에 오히려 더 깊이 빠져든다.

그에게는 그런 마력이 있다. '가왕'이란 이름이 증명하듯. 그의 목소리는 마법을 부린다. 마치 지니처럼 소원하는 노래를 모두 들려주니, 이런 호사가 또 있을까. 환청이 들리는 듯하다. 소녀시대의 "소원을 말해봐. 내게만 말해봐. 난 너의 Genie야. 꿈이야 Genie야~"

제주도에서 태어난 소녀시대

그룹 '소녀시대'와의 에피소드를 꺼내고 있다. 이수만의 연락을 받고 소녀시대 그룹명과 곡 리메이크를 수락한 이승철은 소녀시대 첫 무대에 기타를 메고 코러스까지 참여했다고 한다. 소녀시대는 그 한 번의 무대로 이승철 콘서트의 게스트로 여러 번 품앗이를 했다고 한다.

그런데 록과 발라드만 부르던 이승철은 어떻게 〈소녀시대〉란 댄스곡을 부르게 된 것일까?

이승철: 제주도에 화보 촬영을 하러 갔었어요. 어느 벤치에서 아저씨 같은 남자친구랑 정말 소녀 같은 여자친구가 말싸움하고 있는 거예요. 차 타고 지나가면서 보는데 거기서 영감을 받아서 쓴 곡이에요. 아저씨는 일방적으로 야단치고 여자친구는 일방적으로 듣고 있는 모습에서….

어리다고 놀리지 말아요
수줍어서 말도 못 하고
어리다고 놀리지 말아요
스쳐 가는 얘기뿐인걸
- 〈소녀시대〉 가사 中

그는 자연스러움에서 히트곡이 나왔다고 말한다.
"억지로 쓰는 것보다 자연스럽게 쓴 곡이 듣는 이들에게 훨씬 더 잘 공감돼요."

스쳐 지나가는 일상에서 나온 노래는 일상을 버티는 힘이 되어 다가온다. 그날 이승철은 소원을 들어주는 지니였다가, 마음길을 열어주는 시인이었다가, 시간을 견디게 해주는 노래의 주인공이었다.

▶방송 다시보기

매너가 사람을 만든다,
뮤지컬계 킹스맨

남경주 뮤지컬 배우

뮤지컬 배우 남경주는 데뷔 이래 40년간 꾸준히 무대에 서며, 뮤지컬 대중화의 길을 개척해온 1세대 배우다. 〈시카고〉, 〈레미제라블〉 등 다양한 작품을 통해 관객과 소통해온 그는 백상예술대상 뮤지컬 부문 최초 수상자이기도 하다. 현재는 교수로서 후배들을 이끌며, 무대 안팎에서 선한 영향력을 전하고 있다.

01

젠틀맨의 조건

"조상을 잘 둔 것이 젠틀맨의 기본 요건이다."

젠틀맨의 나라 영국의 소설가이자 언론인인 대니얼 디포의 말이다. 태생부터 귀족인 이런 젠틀맨도 있지만 노력을 통해 자격을 갖춘 후천적 젠틀맨도 존재한다. 뮤지컬 배우 남경주처럼.

사람됨이나 몸가짐이 점잖고 예의가 바른 자세, 행동상의 매너는 물론이고 사람의 기분을 헤아리는 배려, 눈에 보이지 않는 내면까지 갖춘 사람, 첫 만남부터 예사롭지 않았다.

젠틀맨 1단계!

깔끔한 착장, 정돈된 턱수염, 공손하게 모은 두 손, 일단 젠틀맨의 기초를 갖췄다.

젠틀맨 2단계!

만나는 사람이 누구든 다정하게 맞춰주는 시선, 말끝을 흐리지 않는 군더더기 없는 말투, 스태프들의 제안을 흔쾌히 받아주는 매너까지 뭐 하나 흠잡을 게 없다.

젠틀맨 3단계!

젠틀맨 최고의 경지, 자신을 낮추는 겸손함이 방송 내내 묻어났다.

"뮤지컬 1세대라는 표현은 맞지 않아요. 뮤지컬계 선배님들의 노력이 사라질 수도 있거든요. 윤복희 선생님이 진짜 1세대죠."

1995년 백상예술대상에서 뮤지컬 〈그리스 로큰롤〉로 인기상을 받았을 때 그 순간을 물었더니, 답변 역시 기대 이상이었다.

"제게만 스포트라이트가 비춰지니까 박탈감을 느끼는 후배들이 많았을 거예요. 제가 더 베풀고 챙겼어야 하는데, 미안하고 부끄러워요."

매너란 스스로 감정을 참는 일이라고 했다. 잘난 체하지 않고 최고의 자리를 과시하기보다 언제든 자신의 것을 내어줄 자세를 갖춘

매너남, 남경주는 대한민국 젠틀맨의 정석이다.

사랑한다면 남경주처럼

뮤지컬계에서 배우 남경주는 '원조 로맨티스트'로 불린다. 데뷔 40년을 넘긴 그는 〈맘마미아〉에서는 첫사랑 도나를 위해 그리스까지 찾아온 남자 샘으로, 〈브로드웨이 42번가〉에서는 카리스마 넘치는 연출가 줄리안 마쉬로, 〈바람과 함께 사라지다〉에서는 스칼렛만을 사랑하는 레트 버틀러로, 〈라카지〉에서는 아내의 아픔과 슬픔까지 감싸주는 가정적인 남편으로, 〈오! 캐롤〉에서는 20년 넘게 한 여자만을 짝사랑하는 로맨티스트로 셀 수 없는 무대에서 쉴 틈 없이 사랑했다.

무대에서 단련된 로맨티스트는 현실에서도 극적이었고, 러브 스토리는 한 편의 뮤지컬이었다.

"〈키스 미 케이트〉라는 공연을 예술의전당 오페라하우스에서 하

고 있을 때였어요. 한 여성이 사인을 해달라고 하는데, 너무 예쁜 거예요."

첫눈에 반한 것이다. 그 길로 그 여성을 따라갔다고 한다.

"예술의전당 로터리까지 올라가는데 제가 먼저 가서 앞을 막았죠. 차를 세운 거예요. 차창을 두드려서 연락처 주시면 안 되겠냐고 했어요."

역할과 현실이 혼동될 만큼 그는 무대 위에서 사랑을 갈구했고, 현실에서 그 사랑을 쟁취했다. 앞도 뒤도 재지 않는 직진남. 사랑한다면 남경주처럼!

02

무대 위의 별, 달빛 아래 그림자

늘 그렇듯 인터뷰 준비를 하면 인터뷰 대상의 사생활도 궁금하기에 배우 남경주의 SNS를 찾아봤다. 연예인들의 그 흔한, 꽉 짜인 SNS가 아니었다. 나슨한 듯 진심이 담긴 게시물들이었다. 대부분이 출연하는 작품들 이야기였는데, 게시물 하나하나에 작품에 대한 애정이 깊게 묻어났다.

데뷔 40년이 지난 베테랑 뮤지컬 배우임에도 마치 연습생의 일기처럼 "열심히 하자!"라고 써놓은 글도 있었다.

해외여행 사진도 있었다. 뮤지컬 공부를 하러 가서 찍은 사진들이었다. 10년 차 교수님이시지만 아직도 이른바 '뮤지컬 단기 유학'을 떠나는 열혈 학생이었다.

무대 위 완벽한 자연스러움

"작품이 보여야지, 배우가 보이면 안 돼."

작품 속 인물로 존재해야지, 배우 자신으로 보이면 안 된다는 것이다. 배우로서 더 큰 박수를 받는 것보다 작품의 완성도를 더 생각하는 배우. 그래선지 남경주 배우는 완벽한 자연스러움을 추구했다.

무대는 완벽해야 하니까 무대 위에서 새로운 시도를 하는 걸 좋아하지 않는다고 했다. 수많은 연습으로 완전히 숙련돼야 무대에서 자유로울 수 있다며, 오로지 연습이 중요하다고 했다.

어떤 인터뷰에선 숙련되지 않은 젊은 배우들이 많다며 쓴소리도 했다. 본인이 그만큼 노력했고 단단하기에 할 수 있는 말이었다.

"배우가 되기 전에 인간이 돼라."

교수로서 학생들에게 늘 하는 말이라 했다. 자연스러운 연기가 가장 존경받는 연기라며, 웃는 것도 자연스럽고 감정 표현도 솔직한, 자연스러운 사람이 되어야 연기를 잘할 수 있다고 했다.

뮤지컬 같은 무대 뒤

무대 뒤 남경주의 인생은 더 뮤지컬 같았다.

이 사진은 대학 시절 축제 퍼포먼스로 노숙자 역할을 했을 때다. 축제 기간 동안 하나의 인물이 되어 사는 게 학교 전통이었는데, 노숙자 역할을 맡았던 것이다. 정말 며칠을 안 씻고, 분장도 지저분하게 하고, 이 모습을 하고 명동 한복판에 누워있어 보기도 하고 구걸

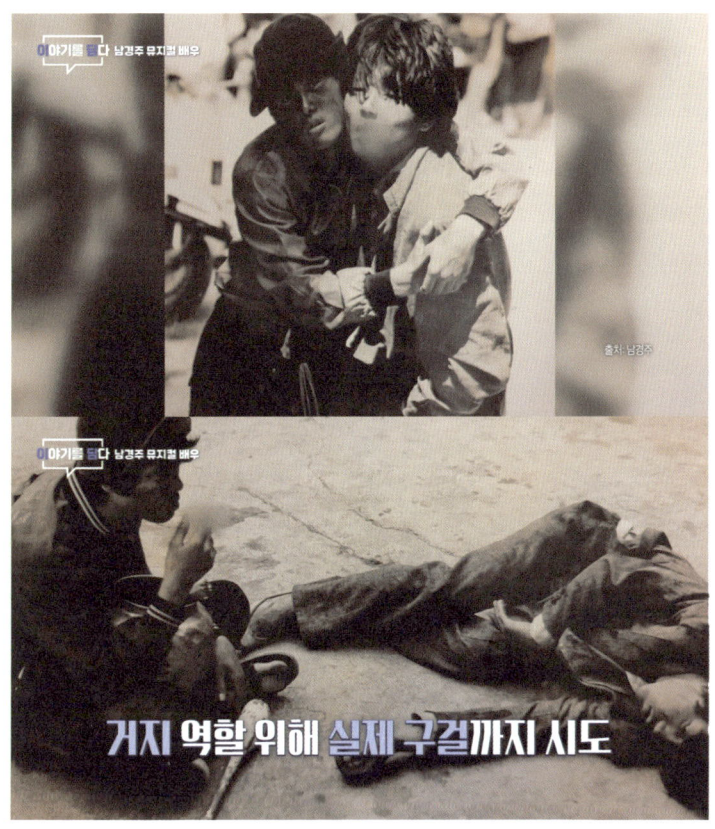

도 해봤다고 한다. 열정도 열정이지만, 얼마나 재밌는 청년이었을까.

평범함 그 언저리

한편으로는 참 가정적인 남편이자 아빠인 남경주였다. 아내의 이야기에 눈이 반짝반짝 빛났고, 딸 이야기에 입꼬리가 자꾸만 올라갔다. 사랑하는 가족과 시간을 알차게 보내는 게 '휴가'라는 행복한 아빠 그 자체였다.

남경주 배우는 한 인터뷰에서 "평범 같은 건 안 바라. 그 주변 어딘가면 다 괜찮아"라는 뮤지컬 속 대사가 좋다고 했다. 그의 인생은 휘영청 밝은 달빛 같으면서도 은은한 달빛 아래 그림자 같기도 했다. 그의 인생이 바로 지금 평범함 그 언저리에 있는 듯했다.

03

형제의 꿈으로 빚은
교향곡

남경주는 〈아가씨와 건달들〉로 뮤지컬 스타로 떠오르며 뮤덕들의 마음을 사로잡았다. 뮤지컬계의 베테랑이자 대부, 스타들의 스승이라 불리지만 내가 그를 기억하는 건 '로맨틱 남경주'였다. 영화의 한 장면처럼 아내의 차를 가로막고 전화번호를 묻는 모습, 뮤지컬 무대 위에서 배우들과 노래를 부르며 프러포즈하는 그 모습은 마치 인생을 뮤지컬처럼 살아가는 듯했다. 이런 낭만이 있어야 배우로서의 길을 걸을 수 있는 걸까?

공연 8학군?

어린 시절, 다섯 살 차이 나는 언니는 나의 전부였다. 예쁜 글씨와 그림으로 상을 휩쓸고, 노래마저 완벽했던 언니는 나의 우상이었다. "꿈이 뭐니?"란 질문에 늘 "언니처럼 살 거예요"라고 답했던 그때가 떠오른다. 이정표가 있다는 건 삶의 기교를 체득할 수 있는 기회였다.

남경주 배우가 형 남경읍을 기억하는 모습에서 난 나의 언니를 떠올렸다. 내 삶이 무렴하지 않도록 이끌어준 멘토란 반석에 감사할 뿐이다. 그의 형 역시 그에게 그런 존재였으리라.

남경주 배우는 '공연 8학군'에서 자랐다고 한다. 공연 8학군? 남경주의 형은 서울예대 연극과에 재학 중이었고, 그때부터 남경주는 서울예대를 출입했다. 형은 연극과 동기들의 체조 연습을 초등학교 체조 선수였던 남경주에게 부탁했던 것이다. 까까머리 중학생이 예쁜 연극과 누나들 사이에서 얼마나 많은 사랑을 받았을지 상상이 간다.

남경주: 우리 형님 덕에 뮤지컬에 눈을 떴고 뮤지컬이라는 공연

존재도 알았어요. 형이 몸담았던 시립가무단 〈맨 오브 라만차〉, 〈더 판타스틱스〉 등 수많은 공연을 보면서 컸어요. 제가 진로를 고민할 때도 제 성향을 꿰뚫어 보고 뮤지컬을 권했어요. "야, 너는 미술보다는 성향을 보면 뮤지컬 하는 게 좋겠다." 그래서 뮤지컬을 일찍 시작할 수 있었죠.

동생이 너무 예뻐 업고 다녔다는 남경읍과 형의 멋진 무대를 보고 꿈을 키운 남경주. 그들의 이야기는 단순한 형제애를 넘어선다. 무대 위 화려한 조명 아래서도 그는 여전히 형의 무대를 보며 설렘을 느끼는 소년이었을 것이다. 체조 선수 출신의 동생이 뮤지컬 배우가 되기까지 형은 때로는 엄격한 스승으로, 때로는 따뜻한 형으로 동생의 곁을 지켰을 것이다. 형제는 서로의 꿈을 지지하고 격려하는 든든한 기반이 되었으리라.

> ⟨이야기를 담다⟩, 그 후
>
> # 친절과 미소, 배려의 힘

    2024년 말, 매일경제TV ⟨이야기를 담다⟩ 토크 프로그램에서 인터뷰를 요청받고 잠시 고민이 스쳤습니다. '경제 방송국이라는 특성상 딱딱하고 불편한 분위기면 어쩌지?' 하고 망설였지만 편안한 분위기에 금세 적응하여 촬영했던 기억이 납니다.

    저는 배우이자 교수라는 직업을 가지고 있지만, 사실 모르는 사람들 앞에서는 낯을 많이 가리는 성격이라 공연이나 강의, 인터뷰처럼 남 앞에 서는 것이 늘 긴장되고 마음이 불편할 때가 무척 많습니다. 의외라고 생각할 수도 있겠지만, 배우 역시 일반적인 사람들과 별반 다르지 않은 인간인지라 다양한 여러 성격을 지니고 있습니다. 그들처럼 똑같이 혼자 외로워하고, 칭찬에 춤도 추고, 비평에 상처받기도 합니다.

이번에 〈이야기를 담다〉 촬영을 통해 느낀 점이 하나 있습니다. 상대가 누구든지 먼저 미소와 칭찬, 진심 어린 배려로 상대방을 대해준다면 주어진 상황이 아무리 달라도 그 시간과 공간을 밝고 편안하게 바꿀 수 있다는 것입니다.

현재 대한민국은 충돌과 대립으로 그 어떤 시기보다 혼란스럽습니다. 현재 이 상황을 우리는 슬기롭게 극복해내야만 합니다. 무조건 상대를 비판만 하는 것은 갈등만을 더 부추깁니다. 상대를 깎아내리고 평가하기보다 먼저 미소로 대하고, 상대를 배려하고 칭찬할 때 분위기는 밝아질 수 있다고 생각합니다. 웃는 얼굴에 침 못 뱉듯이 분위기를 밝게 바꾼 뒤 서로의 문제점을 찾아가는 것이 좋은 방법이 아닐까 생각합니다.

우린 예전보다는 훨씬 다양한 인종과 직업, 그리고 다양한 생각을 가진 개인과 집단과 함께 살아가고 있습니다. 저는 우리가 사는 세상이 언제나 평화롭고 행복했으면 좋겠습니다. 타인을 존중하고 다양성을 인정하며 이웃에게 친절과 미소로 대하고 그들을 배려하는 것이 행복하고 건강한 사회를 만들 수 있는 좋은 방법이 아닐까요?

토크쇼 〈이야기를 담다〉를 통해 느낀 이 작은 지혜가 저에게는 작년 한 해를 마무리하며 얻은 가장 큰 수확이었다고 생각합니다.

남경주

▶방송 다시보기

이담 아카데미 개강, 별들에게 배워봐~

브라질 대스타와 삼바 페스티벌

브라질 대사를 지낸 임기모는 가수 못지않은 무대 장악력을 보여주었다. 그가 어떻게 브라질 사람들을 열광시켰는지 직접 보고 이해할 수 있었다. 우울했던 코로나 시기, 그의 노래는 단순한 퍼포먼스를 넘어 브라질에 긍정적인 에너지를 전하는 하나의 메시지였다. 노래에 이어 춤까지 선보이며 분위기를 한껏 끌어올렸고, 이담 아나운서와 함께 삼바 챌린지 쇼츠도 촬영했다.

비타민 같은 원데이 클래스

안무가 최영준은 2024년 연말을 강타한 〈너와의 모든 지금〉 안무를 선공개했다. 이어 〈손오공〉과 〈에너제틱〉 등 대표 안무를 눈앞에서 볼 수 있었고, 특유의 비타민 같은 에너지가 스튜디오를 가득 채웠다.

최영준의 춤을 직접 본 사람이라면 누구든 반할 수밖에…! 앞으로도 케이팝 무대 위에서 영준 쌤만의 안무를 오래오래 볼 수 있길 진심으로 바란다.

사랑이 가득한 발레

유니버설발레단 문훈숙 단장은 이담 아나운서를 위해 원데이 발레 클래스를 진행했다. 손끝 하나하나에 감정을 실어 표현한 '여러분 사랑합니다' 팬터마임은 단순한 동작을 넘어, 마음을 전하는 하나의 예술이었다.

감독님 저 올림픽 출전할게요

탁구 감독 현정화는 직접 탁구 자세를 지도했다. 탁구를 배운 이담 아나운서는 몇 번의 교정만으로도 자세가 달라졌고, 재능이 있다는 칭찬까지 받았다. 현정화 감독은 인터뷰 프로그램에서 탁구 지도를 한 건 처음이라며, 신선하고 재미있는 경험이었다고 전했다.

'원조 오빠' 남진의 현란한 스텝

가수 남진의 시그니처 스텝을 직접 배워보는 시간도 있었다. 오빠부대를 몰고 다니던 그 시절, 무대를 휘젓던 전설의 발놀림 그대로였다. 60년 내공이 깃든 화려한 스텝을 따라 해보며, 이담 아나운서는 "너무 재밌다"며 몸을 들썩였다. 무대 위 남진의 리듬은 여전히 살아있다.

당근·오이, 꽃나비 되다

묵직한 중식도 앞에서 이담 아나운서도 잠시 '칼판장'이 됐다. 여경래 셰프의 권유에 조심스레 칼을 들어 채소를 썰며, 당근과 오이로 빚어낸 꽃과 나비 같은 정교한 조각들이 어떻게 탄생하는지 직접 배울 수 있었다.
50년 중식 대가의 내공이 그대로 전해지는 순간이었고, 배우는 이에게도, 지켜보는 이에게도 특별한 경험이었다. 짧은 시간이었지만, 요리가 단순한 반복적인 동작이 아닌, 높은 집중력과 숙련된 기술이 필요한 일이라는 것을 몸으로 느낄 수 있던 시간!

Part 5

걸어가니
길이 되더라

70년대 청춘들의 페르소나

이장호 영화감독

'한국 영화계 거장' 이장호 감독은 청년 문화의 감수성과 현실의 이면을 포착한 작품들로 한국 영화의 흐름을 바꾼 감독이다. 소설가 최인호와의 인연에서 비롯된 데뷔작 〈별들의 고향〉을 시작으로 〈바람 불어 좋은 날〉, 〈외인구단〉, 〈바보 선언〉 등 시대를 담아낸 연출로 자신만의 영화 세계를 구축해왔다. 천수답처럼 흘러온 삶 속에서도 꾸준히 작품을 구상하며, 지금도 영화라는 언어로 세상과 소통하고 있다.

01

좌인호
우장희

신부이자 바로크 시대 철학자 발타사르 그라시안은 '친구를 갖는다는 것'을 이렇게 설명했다.

"또 하나의 인생을 갖는 것."

영화감독 이장호에게 새 인생을 열어준 친구는 소설가 최인호다. 〈별들의 고향〉을 비롯해 〈상도〉, 〈타인의 방〉, 〈고래사냥〉, 〈깊고 푸른 밤〉, 〈겨울 나그네〉 등 자신의 작품이 가장 많이 영화화된 작가 최인호. 그는 이미 고등학교 때 한국일보 신춘문예에 입선한 천재 소설가였다. 그런 최인호와 초·중·고등학교를 함께 나온 이장호는 일생 동안 최인호 덕을 가장 많이 본 사람은 자신이라고 말한다.

"인호는 나의 순진함에 끌렸고, 나는 인호의 듬직함이 좋았어요."

이장호 감독은 최인호의 작품《별들의 고향》이 신문에 연재되기도 전에 대학노트로 읽었다고 한다.《별들의 고향》의 판권을 두고 영화 거장들이 경쟁에 나서자 앞뒤 안 재고 친구에게 달려갔다.

"돈으로 매수하자. 돈을, 먼저 계약금을 확 줘버리자."

동생 등록금을 통째로 빌려다가 최인호 집에 말도 없이 던져놓고 왔다는 그는 친구 찬스를 제대로 활용했다.

이장호 시대를 여는 데 일조한 또 한 명의 친구가 있다. 서울고 2년 후배, 가수 이장희다.

"젊은 감각의 OST가 그렇게 많이 팔린 건 처음일 거예요."

〈별들의 고향〉 OST 〈나 그대에게 모두 드리리〉는 번안곡이 주를 이루던 1970년대, 감성을 자극하는 아름다운 노랫말, 포크와 록을 넘나드는 유니크한 멜로디로 젊은이들의 마음을 흔들었다.

"나는 앉아서 덕만 본 거예요."

이장호 감독은 알고 있다. 이장호의 신화 창조는 두 천재의 컬래버 '좌(左)인호 우(友)장희'가 있었기에 가능했음을….

이장호의 페르소나

　마틴 스콜세지에겐 레오나르도 디카프리오, 왕가위에겐 양조위, 봉준호에겐 송강호, 동서양을 막론하고 대가로 불리는 감독들에겐 자신을 대신해 세계관을 상징하는 배우들이 존재한다. 우리는 그들을 페르소나라고 부른다.

　누구나 아는 이장호 감독의 페스로나는 배우 이보희다. 무명 시절 이 감독의 눈에 띄어 〈일송정 푸른 솔은〉(1983)의 조연으로 데뷔한 배우 이보희. 가짜 여대생 역을 맡았던 〈바보 선언〉(1984) 이후 일약 스타덤에 올랐고 이장호 감독 영화의 주역 자리는 족족 꿰찼다. '이보희'라는 예명도 이 감독이 자신의 성을 따서 지어줬다니 딸만큼이나 아낀 모양이다.

　아들처럼 아낀 배우도 있다. 1980년 〈바람 불어 좋은 날〉에서 만난 배우 안성기. 〈바람 불어 좋은 날〉은 이장호 감독에겐 대마초 혐의 이후 첫 재기 작품이었고, 안성기 배우에겐 성인 배우 전환에 성공한 첫 작품이었다. 두 사람을 환생시킨 인생작인 셈이다.

　"회복이 됐다 싶었는데 계단에서 넘어지면서 다시 악화가 된 것 같아요. 혈액암을 극복하고 나면 가장 먼저 프러포즈를 할래요."

　다시 우뚝 설 그를 위해 기도한다는 이장호 감독, 절절하게 배우 안성기를 그리워하는 모습에서 나는 깨달았다. 안성기는 이장호 감독의 영원한 페르소나다.

02
흐르는 대로
그 길에서 만난 답

명대사

흔히 우리가 아는 영화 속 명대사 중에는 잘못 알려진 것들이 있다. 예를 들면 〈봄날은 간다〉의 "라면 먹고 갈래?"는 원래 "라면 먹을래요?"다. 〈터미네이터2〉의 "I will be back"으로 알려진 용광로 장면에선 사실 흔한 인사말인 "Good bye"가 나온다.

영화 〈별들의 고향〉 속 명대사로 알려진 "아저씨, 추워요. 안아주세요"는 사실 "아, 행복해요. 더 꼭 껴안아 주세요"가 맞다.

대사가 바뀌어 전해지는 건 그만큼 그 영화를 본 사람들이 많고, 그 장면이 인상적이라 많이 회자됐다는 증거이기도 하다.

〈별들의 고향〉은 1974년 영화다. 저화질과 더빙만이 오래된 영화라는 걸 말해줬다. 최인호 작가의 책이 원작이라지만, 영화의 내용도 충격이었고, 영상 표현 기법, 구성 모두가 놀라웠다.

천수답 연출

〈별들의 고향〉 속 마지막 장면은 사실 영화 크랭크인하는 날 찍었다고 했다. 이장호 감독이 아침에 눈을 떴는데 예기치 않게 눈이 쌓여있었고, 눈을 보자마자 마지막 장면을 찍어야겠다고 생각했다고 한다.

하얗고 깨끗하게 쌓인 눈 위를 처절하게 걷다 쓰러지는 경아(주인공). 즉흥적으로 탄생한 명장면이다. 아름다운 설경, 순백의 배경이 비참한 심정을 극대화시켰다.

이 장면을 두고 이장호 감독은 "내 연출은 천수답이다"라고 했다.

천수답(天水畓). 빗물에 의해서만 벼를 심어 재배하는 논을 말한다. 물을 끌어올 데가 없어서 오로지 빗물에만 의존하는, 어떻게 보면 열악한 땅이다. 하지만 거꾸로 생각하면 하늘이 비를 내려주기 때문에 농사를 지을 수 있는 복 받은 땅이기도 하다.

이장호 감독은 억지로 물을 끌어오기보단 비가 내리는 대로 즉흥적으로 연출하곤 한다고 했다.

다른 영화들도 찾아봤다. 1984년 이장호 감독 본인이 직접 출연하기도 한 영화 〈바보 선언〉. 이때 다들 "한국에서 못 보던 영화가 나왔다"라고 했다.

당시는 영화 시나리오도 문화공보부에서 사전 검열을 하던 시대였다. 그래서 일단 아무 시나리오나 내서 문공부로부터 제작 허가는 받았고, 이후 영화 촬영 역시 흐르는 대로 즉흥으로 했다고 한다.

이 영화 속에서 "레디, 고!" 하고 외치는 소리와 함께 이장호 감독이 뛰어내린다. '감독이 죽었다'라는 의미였다. 감독이 뛰어내렸지만, 펄럭이며 떨어지는 건 신문이었다. '언론도 죽었다'라는 의미였다.

그 시절, 그런 내용을 담을 수 있었던 대담함. 무턱대고 영화 찍기 시작하고, 결국 해낸 그였다.

1%의 영감

잘못 알려진 명대사처럼, 잘못 알려진 명언도 있다.

"천재는 1%의 영감과 99%의 노력으로 이뤄진다."

에디슨의 명언이다. 하지만 사실 에디슨은 "1%의 영감이 없으면 99%의 노력이 필요 없다"라고 말했다고 한다.

1%의 영감으로 명작을 만들어낸 이장호 감독. 숨은 노력을 누가 모르겠는가. 1%의 비가 잘도 내려줬던 것 같다. 양질의 비가 적절한 곳에, 적절한 때에 참 잘 내렸다. 하늘은 스스로 돕는 자를 돕는다.

03

이장호의 마법
무릎, 예술이 되다

셀 수 없이 많았던 인터뷰, 그중 최인호 작가와의 만남은 잊히지 않는다. 숙·집실로 찾아가니 "밖으로 나갈까요" 하신다. 작업실 근처 도산공원을 걸으며 제대로 만추를 느꼈다. 겨우 계절 바뀌는 것에 눈이 멀어 문학계의 거장을 보고도 그 진가를 알아보지 못했다. 그런데 인터뷰하는 내내 눈이 어찌나 맑던지, 그 깊이에 빠져드는 듯한 기분이었다.

아름다운 눈이었다. 그토록 순박한 눈에 저런 힘이 담겨있다니, 아직도 그 눈빛이 선명하게 남아있다.

짧은 산책이 인연이 되었을까. 돌아가는 길, 촬영차 트렁크 가득 책을 실어주셨던 기억이 난다. 그 책이 귀한지도 모르고 작가들 책상에 다 뿌렸으니… 어려서라는 말은 정말 어리석은 핑계일 게다.

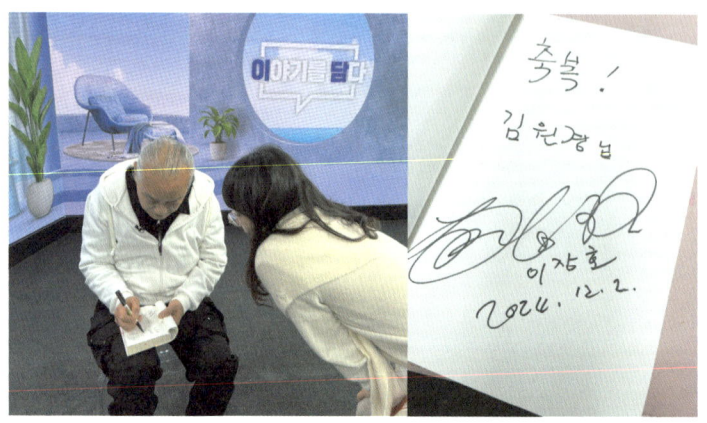

그의 절친 이장호 감독을 인터뷰한다. 내겐 정이 많았던 '최인호'라는 렌즈를 통해 다가왔다. 최인호 작가의 책《별들의 고향》으로 두 분을 다시 만나게 해드리면 어떨까 생각이 들었다. 절판된 책을 어렵게 구해서 읽었다. 그 시절 그들의 열정이 느껴지는 것만 같았다. 이장호 감독에게 사인을 요청하니 허허 웃으시며 "이 책을 어디서 구했어?" 하신다. 최인호 작가 책에, 이장호 감독의 사인이라니 이번엔 진짜 귀한 책을 소장해본다.

〈무릎과 무릎 사이〉의 탄생

엘리베이터 문이 열리고 나오시는데 힙하시다. 여든이란 나이에 젊은 친구들이 입는 브랜드의 건빵바지, 후드점퍼를 입고 활짝 웃어주신다. 친근함이 훅 들어온다. 시대의 흐름을 아직도 그대로 받아들이고 계신다.

영화 연출할 때도 현장 즉흥성을 살려 독창적이고 실험적인 작품들이 많았았다. 〈별들의 고향〉, 〈바보 선언〉 이외 여러 작품에도 이장호 감독의 독창적인 아이디어와 사물을 바라보는 눈이 얼마나 다른지를 보여준다.

이장호: 연출 공부할 겸 《보디랭귀지》라는 책을 보는데 책에 무릎이라는 단어가 눈에 띄었어요. 야, 이거 프랑스 영화 제목 같다. 영화 제목에 무릎을 한번 써야겠다. 그리고 어느 날 빵집에 갔는데 고등학생 둘이 마주 앉아서 얘기해요. 아주 순진한 모습인데 무릎보다 '무릎과 무릎 사이' 제목은 어떨까 생각이 들었어요. 나중에 물감으로 써보니까 이상하게 야하고 음탕한 생각이 들어. 하하하. 원래는 아주 순진하고 순수한 모습이었어요. 하하하 그다음부터는 가슴이 막 두근두근두근해요. 이게 뭐라고 누가 뺏어 갈까 봐…. 그렇게 제목부터 정해놓고 영화를 만들었어요.

책에서 나온 단순한 '무릎'이란 단어가 어떻게 영화화가 되었는지 보여주는 에피소드다. 그렇게 평범한 단어가 예술가의 손끝에서 새로운 생명력을 얻어 한국 영화사에 독특한 발자국을 남겼다. 이것이 바로 이장호 감독이 보여준 창작의 마법이었다.

천수답, 즉흥적 연출이라 말하지만 단어 하나, 사물 하나도 달리 보는 이장호 감독만의 렌즈가 있었던 게다. 그의 독창적인 눈으로 단지 무릎이란 단어가 그런 놀라운 일을 해치운 것이다. 무릎이….

─ 〈이야기를 담다〉, 그 후 ─

영화처럼 흐른 시간, 기억 속 충무로

〈이야기를 담다〉를 통해 자연스럽게 제 영화 인생을 되돌아볼 수 있었습니다. 인터뷰 중 〈별들의 고향〉 촬영 당시의 기억을 꺼내며, 즉흥적으로 만들어졌던 라스트신을 회상했는데, 그 장면이 이렇게 오랜 시간 사랑받을 줄은 몰랐습니다. 관객들에게 잊히지 않는 명장면이 되었다는 것이 감독으로서도 참 감사한 일이죠.

특히 영화 〈별들의 고향〉 이야기를 다시 나누면서 충무로에서의 뜨거운 순간들이 떠올랐습니다. 1974년 국도극장에서의 첫 상영, 극장 앞에 길게 늘어선 관객들, 그리고 그때 함께했던 동료들까지. 그 시절 충무로의 열정이 다시금 느껴지는 시간이었습니다.

인터뷰 촬영을 위해 찾은 충무로, 제겐 단순한 영화의 무대가 아니라 고향 그 자체입니다. 지금은 거리가 많이 바뀌었지만, 그 시절

품었던 영화에 대한 마음은 여전히 변함없다는 것을 새삼 깨달았어요.

제가 영화를 시작하던 시절과 지금을 비교하면 기술적으로는 엄청나게 발전했지만, 영화가 가진 본질은 여전히 같다고 생각합니다. 결국 영화란 사람의 이야기를 담아내는 작업이니까요. 시대가 변하고 관객의 취향이 달라져도, 좋은 영화는 늘 사람들의 가슴에 남는 법이죠.

〈이야기를 담다〉가 앞으로도 많은 이들의 삶과 예술을 진솔하게 담아내는 공간으로 오래도록 남기를 바랍니다.

이장호

▶방송 다시보기

인생도 사건도
'뒤집기 한판승'

박준영 변호사

억울한 이들의 목소리에 귀 기울여온 박준영 변호사는 수많은 재심 사건을 통해 사법 정의의 실현을 이끌어온 법조인이다. 화성 8차 사건, 약촌오거리 사건, 낙동강변 살인사건 등 진실을 밝히기 위한 오랜 싸움 속에서도 그는 사람을 중심에 둔 변호를 실천해왔다. 피해자들과 함께 '등대장학회'를 설립하며, 오늘도 다시 일어설 누군가를 위한 길을 묵묵히 걸어가고 있다.

01

해피엔딩

 김신혜, 그 이름을 처음 들은 건 10여 전 〈그것이 알고 싶다〉라는 프로그램에서였다. 보험금 8억 원을 노리고, 아버지에게 수면유도제 30알이 든 술을 '간에 좋은 약'이라고 해서 마시게 하고 살해한 뒤 교통사고처럼 꾸며 시신을 유기한 친딸, 김신혜. 이 천인공노할 존속살해 사건의 진실이 25년 만에 뒤집혔다.

 '김신혜 무죄', 재심 변호사 박준영이 만든 걸작이었다.

 우리가 그를 만난 건 김신혜 사건 재심 판결이 나기 얼마 전이었다. 선고가 미뤄지면서 인터뷰를 약속한 날짜에도 판결이 나오지 않은 상황. 박 변호사 역시 장담할 수 없는 사건이라고 했다.

 "무려 60회 공판으로 마무리됐어요. 김신혜 씨 사건이 가장 어렵기도 하고 마음도 많이 아픈 사건이었죠."

박 변호사에겐 애증의 사건이기도 했다. 10번 가까이 선임과 해임이 반복되면서 한동안 외면하기도 했다. '다시 유죄가 나와버려라'라는 저주를 퍼부으면서도 이 사건을 결국 놓지 못한 이유를 이렇게 말했다.

"제가 세상 떠들썩하게 공론화했잖아요. 마무리를 잘하고 싶었어요. 그래서 끝까지 놓지 않았어요. '인간미 있다'라는 얘기를 듣고 싶었거든요."

될까 안 될까? 할까 말까? 수십 번 쥐었다 놨다를 반복했던 김신혜 사건. 뚝심으로 버틴 끝에 결국 끝이 났다. 무기수 김신혜는 자유를 얻었고 변호인 박준영은 승리를 얻었다. 그리고 우리는 눈물을 흘렸다. 모두의 해피엔딩이었다.

준법성 없는 문제아

고졸 출신, 문제아, 준법성 결여, 박준영 변호사는 사실 없느니만 못한 스펙을 가졌다. 전라남도 작은 섬에서 태어나 부모님을 도와 연탄과 오징어를 팔던 소년. 어머님이 돌아가신 후엔 가출과 방황을 일삼던 문제 청소년이었다.

"고등학교 3학년 때 준법성이 요구된다는 평가를 받았어요. 방황을 많이 했고, 그러다 무기정학 당했죠."

박준영 변호사의 어머니가 돌아가신 건 중학교 2학년 때였다. 당시 어머니는 39세였다고 한다. 어머니는 눈조차 감지 못하고 돌아가셨다고 한다. 짧은 삶이 아쉬워서가 아니라 철없는 아들 걱정 때문이었을 것이다. 어렵게 들어간 대학도 제대 후 자퇴, 변호사 시험도 1점 차이로 겨우 붙었다. 판사가 되고 싶었지만, 성적이 좋지 않았다. 하지만 그의 아픈 과거사는 아픈 상처, 보기 싫은 흉터로 남지 않았다.

"오히려 비슷한 지금 처지와 상황 속에서 살아가는 아이들 문제에 관심을 갖게 됐어요."

2023년에는 피해자가 국가로부터 받은 보상금을 기부받아 위기청소년을 돕는 등대장학회를 시작했다. 공부 잘하는 아이들, 공부는 좀 못해도 열심히 살아가는 아이들, 충분히 성장할 수 있는 아이들 30명에게 매달 800만 원을 지원하고 있다. 세상을 밝히는 등대로 우뚝 선 것이다.

철없는 아들 때문에 눈조차 감지 못했던 어머니에게 대신 이 말씀을 전하고 싶다.

"아드님 참 잘 컸어요!"

02
이젠 외롭지 않은 외로운 싸움

본인이 했던 말을 뒤집는 건 참 힘든 일이다. 내가 했던 말이 틀렸다 싶어도 자존심 상하고, 괜히 화가 나서 뒤집기는 싫은 법이다. 인간이 그냥 말 한마디 뒤집는 것도 힘든데, 대법원 확정판결을 받은 사건을 뒤집는다는 건 사실 말도 안 되게 어려울 수밖에….

뒤집기의 달인

"대표님은 수임료 많이 받으시죠? 그럼 전 재산을 받으신 적 있습니까? 없으시죠? 제가 이겼습니다."

영화 〈재심〉 속 명대사다. 박준영 변호사 역을 연기한 배우 정우의 대사였다.

〈재심〉은 익산 약촌오거리 택시기사 살인사건을 다룬 영화다. 15세 무고한 청년이 진범으로 지목돼 감옥에서 억울하게 10년을 지냈다. 출소 후 구상금 청구 소송까지 당하자 재심을 신청했고, 실제 이 사건을 맡은 변호사가 박준영이었다.

영화 속 청년 역을 맡은 강하늘이 정우에게 재심 변호를 부탁하며 힘들게 번 쌈짓돈을 주며 말한다.

"내 전 재산이여."

그러자 정우가 말했다.

"마, 내가 니 변호사다. 이제부터."

이 영화를 보면서 눈이 퉁퉁 붓도록 울었던 기억이 난다. 영화가 끝났지만, 분해서 한동안 자리에서 일어나지도 못했다.

박준영 변호사는 그런 일에 처한 사람들을 돕는 사람이었다. 처음에는 수임료조차 받지 않았다. 가난 때문에 억울한 일을 겪었는데 수임료를 받는다는 건 상상도 못 할 일이라 했다.

화면보다 실물

박준영 변호사는 화면보다 실물이 낫다는 이야기를 자주 듣는다고 했다. 그런 그는 왜 외로운 싸움인 재심을 전문으로 하기 시작했을까? 처음엔 약간 유명해지고 싶은 마음도 있었댔다. 성공이었다. 박 변호사의 이야기를 다룬 영화와 드라마가 나왔고, 뉴스에서도 그의 재심 사건을 주요하게 다뤘다.

이젠 이미지가 너무 좋아져서 불편하다며 민망한 듯 웃었다. 그 또한 부담이리라.

박준영 변호사는 "너무 애쓰지 마라"는 말이 거슬린다고 했다. 그를 아끼는 이들이 외로운 싸움을 하던 그에게 얼마나 저 말을 많이 했을까? 그는 본인을 위한 일이라면 받아들일 수 있지만, 남의 어려움을 풀어주는 사람 입장이라 애쓰지 말란 말이 불편하다고 했다.

누군가에게 새로운 인생의 기회를 주는 사람 입장에선 잘하려고 애쓸 필요가 있다는 것이다. 가히 화면보다도 실물이 나은 박준영 변호사였다.

03

단어 하나에 담은
진심

〈이야기를 담다〉 녹화는 토크 후 게스트 단독으로 추가 인터뷰를 진행한다. 가끔은 그 추가 인터뷰에서 더 진솔한 이야기가 나오기도 한다. 박준영 변호사는 말씀을 그렇게 잘하시면서 다시! 다시! NG를 계속 외쳤다. "다시 할게요"를 반복하던 그의 모습에서 왠지 진심이 느껴졌다. 토크쇼에서 보여준 달변가의 모습 뒤에는 단어 하나, 속담 하나까지 신중하게 고르는 법조인의 면모가 숨어있었다.

귀가 아프도록 공부했어요

박준영: 어머니 살아계셨을 때까지는 공부를 잘했습니다. 어머니가 제 미래에 긍정적인 확신을 심어주셨기에 뭐든 할 수 있다는 생

각을 했습니다. 공부할 때는 무식하게 했습니다. 강의 테이프를 너무 많이 들어 귀에 문제가 생길 정도였어요. 합격 후에 놀아야 하잖아요. 그런데 나이트, 노래방 많이 못 갔습니다. 하하하. 그때 소리가 크니까 귀에 조금만 자극이 오면 아팠어요.

고졸 출신 박준영 변호사는 어머니의 응원 속에서 '귀가 아프도록' 공부했다. 그 시절의 끈기는 오늘날 재심 변호사로서의 그를 만든 밑거름이 되었을 게다. 진실을 향한 그의 집요함은 '뒤집기의 달인'이라는 별명을 낳았고, 수많은 무죄를 이끌어낼 수 있었을 것이다.

희대의 살인마 오원춘을 왜?

그는 재심 사건들을 맡으면서 진범이 나타날까 봐 아주 무서웠다고 한다. 가족들 걱정에 SNS에서 사진도 내리고 밤늦게 혼자 사무실에 있을 땐 문도 걸어 잠그고···.
그랬던 그가 납치와 살해, 시신을 훼손했던 오원춘 변호를 했다. 왜 흉악범을 변호했었을까?

박준영: 국선 변호였어요. 제가 원해서 맡았던 사건은 아니었습니다. 그런데 제가 "이 사건 너무 부담된다. 불편해서 못 맡겠다"라고 하면 또 다른 누군가가 맡아야 하기에 그렇게 미루고 싶지 않았어요. 그리고 좀 궁금했어요. 이런 끔찍한 악성이 어디에서 생겨났고 어떻게 키워졌는지···.

'희대의 살인마 오원춘 사건'은 그의 또 다른 면들을 보여준다. 누군가는 해야 할 일이라는 사명감으로 국선 변호를 맡은 그의 선택은 법조인으로서의 소신과 용기를 보여줬다. '악성은 어디서 생겨나는가'를 고민했던 그의 질문은 인간을 이해하고자 하는 깊은 통찰력을 보여준다.

녹화 후, 변호사는 '사람의 마음을 사로잡는 사람이구나'라고 생각했다. UCLA에서 호감에 관련된 500개가 넘는 형용사에 점수를 매기게 했는데, 가장 높은 순위를 기록한 형용사는 '진심(sincere)'이었다고 한다.

진심이 통하면 마음이 움직인다. 단어 하나도 신중하게, 진심을 담은 눈빛으로 말하는 박준영 변호사는 사람의 마음을 움직이는 언변의 마술사일 것이다. 그의 진정성이 우리 사회의 정의를 다시금 일깨워주는 것처럼, 우리는 그가 남긴 여운을 잊지 않을 것이다. 결국 진정한 변화는 한 사람의 진심에서 시작된다는 것을….

▶방송 다시보기

역사를 앵글에 담다, 시각적 이야기꾼

강형원 사진기자

찰나의 순간을 기록하며 역사의 한 장면을 전해온 포토저널리스트 강형원 기자는 1993년과 1999년, 두 차례 퓰리처상을 수상하며 전 세계의 주목을 받았다. LA 폭동, 클린턴 스캔들, 대한민국 민주화운동 등 역사적 현장의 중심에서 진실을 기록해오며 사진이 가진 힘으로 사회를 비추는 데 집중해온 그는 렌즈를 통해 한국의 문화와 역사를 세계에 전하고 있다.

01

편견을 깨는 힘

사진의 기능은 다양하다. 순간을 추억으로 남기기도 하고, 망각을 기억하게 만들기도 한다. 어제 먹은 저녁 메뉴조차 기억나지 않는 일상 속에서 30년 전 첫사랑과의 첫 데이트를 떠올리게 하고, 20년 전 첫 아이의 첫울음을 기억하게 한다. 사진은 그런 힘을 가졌다.

강형원 기자를 만나면서 알지 못했던 또 다른 사진의 힘을 깨달았다. 바로 편견을 깨는 힘이다.

"잠재돼 있는 인종차별인데, 미국 할리우드 영화나 미디어에서 동양인의 남성적인 모습은 표현한 적이 없었어요. '동양 남성들은 나약하다'라는 미국 사회의 편견이 존재했죠."

편견을 깬 건 이 사진 한 장이었다. 1992년 LA 폭동 당시 총을 들고 나의 가족을 지켜내는 강인한 한인의 모습을 한 장의 사진에 담

아냈다.

"미국 사회에 지각변동이 일어났어요. 동양 남성들의 우월하고 멋진 모습, 섹시한 모습을 담은 영화와 드라마들이 나오기 시작했죠. 주연도 맡게 됐고요."

찰칵! 단 1초의 순간이 수십, 수백 년의 편견을 깨는, 그렇게 강 기자는 찰나의 기적을 만들어왔다.

전지적 작가 시점

전지전능한 신처럼 인물의 내면을 관통하며 사건의 전말을 알고 있는 듯이 서술하는 글쓰기 방식, 그것을 전지적 작가 시점이라고 한다. 전지적 작가 시점을 통해 사진을 찍는 사람도 있다. 강형원 기자가 그렇다. 그는 전지전능한 신처럼 인물의 내면을 관통하며 사건의 전말을 알고 있는 듯이 사진을 찍는다. 어떻게 가능할까?

"끊임없이 관찰합니다."

한순간을 위해 수십 시간을 기다리며 관찰하는 그에게 최고 권력 대통령마저 엉큼한 스캔들을 숨기지 못했다.

"백악관 집무실 옆에 있는 도서관과 서재에서 인턴하고 부적절한 관계를 가졌다는 사실을 보도했어요. 클린턴 대통령이 그 일로 한 10여 년 동안 조사를 받았죠."

그의 뛰어난 관찰력에 포착된 지도자는 총 7명, 클린턴부터 트럼프까지 그들의 면면을 오랫동안 관찰하면서 성공한 지도자의 미래

도 점칠 수 있다고 귀띔한다.

"공개 석상에서 항상 온화한 모습을 유지합니다. 누구를 만나도 편안하게 부드럽게 악수하고 진지하게 눈을 맞추며 이야기하죠. 앞에 있는 사람이 이 세상에서 가장 중요한 사람이라고 생각하게끔 해주는 자세가 정치인으로서 성공하는 비결입니다."

그의 렌즈를 통하면 대한민국 대통령의 미래도 볼 수 있을까?

02

대한민국을
담다

미국의 카페에서 음료를 주문하면 이름을 물어본다. 일회용 컵에 이름을 써놓고 음료가 다 되면 내 이름을 불러주려는 건데, 이름을 이야기할 때마다 약간 곤혹스럽다.

"담" 하면, "Tom?" 하고 묻는다.

한번은 "담"이라고 하자 "Damn?" 하는 종업원도 있었다. 욕에 가까운 말이라 농담처럼 이야기하고 서로 웃고 말았다.

이런 일들 때문일 것이다. 한국 사람들은 미국에 가면 영어 이름을 하나 짓곤 한다. 물론 미국인들이 느끼기에 내 이름보다 더 어려운 이름도 많을 것이다.

Hyungwon Kang

강형원. 바로 이런 이름이 어려운 이름이다. 미국인들에겐 얼마나 생소한 발음의 이름일까.

그는 한국계 미국인이다. 하지만 이름은 강형원. 한글 이름 그대로 쓴다. 미국인들에게 자기소개를 하면 분명 "훙운?", "헝원?" 이랬을 것이다. 한 번에 알아들은 미국인은 거의 없을 터. '강형원' 그대로 쓰는 일은 참 번거로웠을 텐데…. 그럼에도 그는 한국 이름을 그대로 쓰고 싶다고 했다. 미국 사회에 한국 이름을 익숙하게 만들고 싶다는 이유였다.

한국 이름을 그대로 쓰시는 게 대단하시다고 말씀드리며 내 작은 고충을 이야기했었는데…. 그 고민 하나도 허투루 듣지 않으셨다. 인터뷰 후에 "그럼 Dom Lee라고 하면 이름 mispronouncing 문제 해결될 거라 생각돼요"라는 메시지를 보내주셨다.

역사의 순간을 담다

어릴 적 뉴스를 하는 앵커를 꿈꾸며, 영화 속 종군기자들을 보며 분쟁지역에 취재하러 가는 걸 상상해본 적이 있다. 어떤 사건, 폭동 현장에 내가 과연 뛰어들 수 있을까?

몇 년 전, 퓰리처상 사진전을 보러 갔었다. 기록으로 남은 역사의 비극적 순간들이 담겨있었다.

강형원 기자는 1992년 LA 폭동을 가장 가까운 거리에서 촬영했

다. 경찰들이 철수한 상황, 그는 그 폭동 현장으로 들어갔다. 방탄조끼까지 입고 취재했다고 한다.

그는 바로 이 LA 폭동으로 1993년, 클린턴-르윈스키 스캔들로 1999년, 두 번이나 퓰리처상을 받은 세계적인 사진기자다.

그리고 그는 한국의 민주항쟁을 취재하기도 했다. 1987년 대학을 졸업하자마자 "내가 한국에 가서 취재하겠다" 하고 한국으로 왔다.

민주주의를 외치는 청년들 사이에서 한국 현대사의 역사를 사진에 담았다. 돌멩이에 맞아가며 취재했고, 숙소 안에서도 안전모를 쓰고 있었을 정도로 위태롭고 위험했던 시간이었다.

그럼에도 스스로 택한 한국행의 의미는 한국 이름을 고수하는 그 마음과 맞닿아 있지 않았을까.

누구보다 한국인

지금은 한국의 문화를 널리 알리기 위해 한국을 취재하고 있다. 훈민정음부터 전통 공연예술, 문화유산까지…. 대한민국 그 자체를 사진에 담고 있다.

한국인보다 한국을 더 사랑하는, 가슴속은 누구보다도 한국인인 강형원 기자. 그의 눈을 통해 그의 정신으로 담은 대한민국은 더 특별해 보였다.

03
찰나의 순간 미래를 담다

두 번의 퓰리처상을 받은 강형원 사진기자, 예리하고 날카롭기만 할 것 같았던 그가 스태프들과 함께 먹으라고 빵을 건넨다. 마치 옛날 삼촌이 빵을 사서 집을 찾아온 것처럼, 그의 소박한 제스처는 단순한 간식을 넘어 사람과 사람 사이의 이야기를 소중히 여기는 그의 진심을 보여주는 것 같았다.

그의 배려와 따뜻함은 현장 분위기를 부드럽게 만들었고, 그가 찍은 사진 속에서도 그 진심이 고스란히 담겨있는 듯했다. 강형원 기자는 단순한 기록자가 아닌, 사람들의 이야기를 담아내는 스토리텔러처럼 보였다.

시대의 아픔과 영광이 교차하는 순간들. 이한열 열사의 마지막 숨결부터 LA 한인타운의 아픈 기억, 클린턴 스캔들의 충격, 그리고

9·11 펜타곤의 그날까지, 그 역사적인 순간에 항상 그가 있었다.

2024년 8월 미국 대선주자 전당대회가 한창일 때, 그 생생한 현장을 담아 강형원 기자가 녹화장을 찾았다. 트럼프와 해리스를 향한 그의 카메라는 우리가 놓칠 수 있는 찰나를 잡아 순간순간에 의미를 넣어줬다. 감정을 극대화해주는 마술처럼 그의 이야기에 빠져들었다.

시각적 이야기꾼

사진은 시간을 영원히 멈추게 하는 마법 같은 힘이 있다. 때로는 영화보다 한 장의 사진이 더 강렬하게 우리 마음을 울린다. 그런 사진은 한 사람의 인생을 바꾸고, 세상을 움직이는 힘을 가진다. 분석적인 시선으로 세상을 바라보는 그는 렌즈를 통해 우리가 미처 보지 못한 이야기를 전한다. 시각적 이야기꾼이자 비주얼 스토리텔러로서, 그는 찰나의 순간을 영원한 감동으로 바꾸는 사진의 마술사인 것이다.

강형원: LA 폭동 때, 총을 가지고 있는 한인 청년들이 가게를 지키고 있었는데 느닷없이 총소리가 나는 거예요. 청년들이 그 초조한 상황에서 어떻게 재산과 생명을 지키고 있는가? 그것을 후세대를 위해서 제대로 기록해놔야겠다. 그 생각만 가지고 촬영했어요. 우리가 사진을 찍을 때 현재 상황을 찍는 것처럼 보이지만 사실은 미래를 찍고 있어요. 미래를 예측하며 셔터를 누를 때, 사진의 힘은 더욱 커집니다.

그의 말에는 확신이 담겨있었다. 현재의 한 장면으로 미래를 보여주는 힘, 그것이 바로 왜곡 없는 시선으로 현장의 진실을 전하는 그만의 스토리텔링이었다. 그의 시선은 늘 현재와 미래를 동시에 바라보는 것이다. 카메라 렌즈를 통해 포착한 순간이 역사가 되고, 그 역사가 다시 미래의 나침반이 되기를 바라는 마음으로 셔터를 누를 것이다.

그의 카메라 렌즈로 포착된 순간들은 단순한 이미지를 넘어선다. 그것은 우리 모두의 기억 속에 영원히 새겨질 역사이자, 미래를 향한 희망의 메시지다. 그가 남긴 사진들은 시간이 흘러도 변치 않는 진실을 담을 것이며, 때로는 우리의 양심을 일깨우고, 때로는 잊힌 이야기들을 다시 꺼내 보게 만들 것이다. 그의 렌즈를 통해 우리는 과거와 현재, 그리고 미래를 동시에 마주하게 되는 것이다.

─ 〈이야기를 담다〉, 그 후 ─

사진 속에 담긴 역사, 그리고 우리의 정체성

〈이야기를 담다〉 인터뷰에 참여하면서, 언론을 통해 전해지는 뉴스가 일회성 정보로 소비되는 경우도 많지만, 보도사진을 면밀히 살펴보며 역사적인 순간들이 담겨있다는 점을 다시금 느낄 수 있었습니다. 또한 문명사회에서 객관적인 언론 보도를 접하는 데 그치지 않고, 뉴스의 행간을 읽고 분석적으로 사고하는 것이 중요하다는 점을 강조할 수 있는 소중한 인터뷰였다고 생각합니다.

특히 1992년 4·29 LA 폭동 상황 속에서 포기하지 않는 한국인 젊은이들의 강인한 모습이 사진으로 기록되었고, 30년이 지난 지금 그 사진을 통해 미국 사회에서 동양 남성에 대한 편견과 선입견이 변화해왔다는 사실을 다시 확인할 수 있었습니다. 또한 현장을 누비는 사진기자들이 취재하며 겪는 어려움에 대해 질문해주셨고, 이를 통해 독자들이 '사실'뿐만 아니라 전체 맥락을 형성하는 '진실'을 이해할 수 있도록 풀어낼 수 있었습니다.

한국인의 독특한 정체성은 우리의 자존감을 형성하는 근본적인 바탕입니다. 우리의 가치관과 인격을 구축하는 데 있어 선택이 아닌 필수로, 역사와 문화 교육을 통해 꾸준히 가꿔야 할 중요한 부분입니다. 우리의 정체성은 곧 우리 영혼의 밑바탕이며, 그 뿌리는 깊고 풍부한 역사 지식에서 비롯됩니다. 우리가 동아시아 문명의 독보적인 후손임을 제대로 인식할 때, 높은 자존감을 바탕으로 세계 무대에서 더욱 당당하게 활동할 수 있으며, 독창적이고 의미 있는 성취를 이루어낼 수 있습니다. 이를 위해 우리는 한글과 한국어, 한복과 전통 음식까지, 한국인의 정체성을 구성하는 모든 요소를 소중히 여기고 자랑스럽게 생각했으면 좋겠습니다.

〈이야기를 담다〉를 준비하고 촬영하면서 "우리는 어디에서, 어떤 사람들과, 어떤 목표를 가지고 살아가는가?"라는 질문을 사진이라는 매개체를 통해 스토리텔링할 수 있었습니다. 숨 가쁘게 매일매일 쏟아지는 뉴스, 그 뒤에는 역사에 남을 가치 있는 사진을 기록하기 위해 신념을 갖고 헌신하는 기자들이 있으며, 그들의 노력과 희생을 독자들에게 알릴 수 있었던 뜻깊은 인터뷰였습니다.

강형원

▶방송 다시보기

심장을 난타한
백발 아우라

송승환 배우 겸 감독

배우로 데뷔해 연출가이자 제작자로 자리 잡은 송승환 감독은 공연 <난타>를 통해 한국 공연의 세계화를 이끈 주역이다. 연극 무대에서 시작해 TV와 뮤지컬, 올림픽 연출까지 60년 동안 장르를 넘나들며 무대의 가능성을 넓혀왔다. 시력 저하에도 다시 연극 무대에 서는 그는 여전히 새로운 시도를 멈추지 않으며 무대 위에서 자신의 이야기를 이어가고 있다.

01

동안의 조건

　동안의 3대 조건이 있다. 얼굴 비율, 골격, 그리고 피부 상태다. 코와 인중이 길이가 짧을수록, 동글동글 각이 없을수록, 그리고 피부는 광이 나고 반질반질할수록 어려 보인다. 그런 3대 조건을 두루 갖춘 절대 동안 배우이자 공연 기획자인 송승환 대표를 만났다.

　환갑을 훌쩍 넘기고도 반으로 툭 나눈 30대라고 해도 믿을 만한 샘솟는 젊음의 비결은 뭘까?

　"'일부러 긍정해야겠다. 희망을 가져야겠다'라는 생각을 하기보다는 '이게 안 되면 뭐 다른 방법이 없을까' 하고 하나하나 방법을 찾다 보니까 그게 바로 긍정이 되고 희망이 되었어요."

　송승환식 동안 비법은 인터뷰 속속 녹아 흘렀다. 팬데믹 당시 2년을 제외하고 27년째 이어온 〈난타〉 공연, 시력을 잃을 정도로 몰

두했던 2018 평창 동계올림픽 개·폐회식은 기획자 송승환의 열정이 만든 거대한 작품이었다. 보이지 않아도 보고 있는 듯 생동감 있는 2024 파리 올림픽 해설은 송승환의 저력을 보여주었고, 2011년 〈갈매기〉 이후 9년 만에 연극 무대에 복귀한 배우로서 송승환 연식은 숫자에 불과함을 세상에 알렸다.

"배우가 좋은 점이 뭐냐면 늙으면 또 늙은이 역할이 있잖아."

배우 송승환의 동안 비결은 피부과 레이저가 아니라, 그의 눈빛에서 퍼지는 긍정과 열정의 레이저 때문이리라.

마법 지팡이

허리가 좋지 않으셨던 우리 할아버지는 늘 지팡이를 대동하셨다. 그 지팡이의 용도는 의외로 다양했다. 몸을 지탱할 때도, 걸리적거리는 물건을 멀리 치울 때도, 말 안 듣는 개를 물리칠 때도, 그리고 때 쓰는 손주 녀석을 말 한마디 하지 않고 제압할 때도 쓰셨다.

엑스펠리아르무스(Expelliarmus)!

부산스러운 주문을 굳이 외우지 않아도 상대방을 무장해제시키는 해리포터의 마법 지팡이와 견줘도 손색이 없을 만했다.

할아버지 지팡이의 아성을 무너뜨릴 신박한 지팡이가 눈에 들어왔다. 웨어러블과 손전등이 달린 송승환의 지팡이, 심지어 그 지팡이의 특허는 송승환 본인 것이다.

"지팡이는 내가 개발했는데 라이트를 사서 붙여 밝은 빛으로 볼 수 있게 했어요. 손숙 선생님에게도 선물했고, 이순재 선생님도 눈이 불편하다고 하셔서 만들어드렸죠."

시각장애 4급, 안 보인다고 주저앉지 않고 더 멀리, 더 많이 앞서가는 사람, 그가 바로 송승환 대표다.

"문자도 들을 수 있고 메일도 들을 수 있고 카톡도 들을 수 있고 들으니까 해결 다 됐어요. 이렇게 하나씩 하나씩 해결해나가니까 안 보여도 할 수 있는 일이 굉장히 많이 있더라고요."

그의 시력은 더 떨어질지도 모른다. 하지만 미래를 조망하는 시야는 더 또렷해질 것이다. 하고자 하고, 얻고자 하고, 이루고자 하는 그의 꿈은 명확하기에! 그의 지팡이는 요술 방망이가 되어 우리에게 또 다른 마법의 무대를 선물할 것이다.

02
담담한 시선으로
묵직하게

담담한 대답

송승환을 인터뷰했다고 주변에 말하면, "아~ 난타?", "올림픽 감독 했더라?", "눈이 안 좋아지셨다고 하지 않았어?"라고 했다.

송승환 감독은 2019년 망막색소변성증을 진단받고, 시력이 급격히 악화되었다고 한다. 이 이야기를 주제로 올리는 것조차 죄송스러울 정도로 마음이 아프지만, 의외로 송승환 감독은 담담했다.

얼마나 많은 질문을 받았을까. 인터뷰에서 이 이야기는 빼고 싶다는 생각도 들었다. 불편하게 하고 싶지 않았다. 그래도 그 또한 송승환 감독 삶의 큰 부분이기에 결국 여쭤봤다.

"불편하실 텐데 어떻게 생활하고 계신가요?"

"처음에는 불편하고 불안했죠. 그래도 형체는 느낄 수 있어요. 아주 안 보이는 게 아니라 그 정도도 이제 감사하죠."

송승환 감독은 담담하고 담백했다. 이 이야기를 여쭤보는 걸 죄송하게 생각했던 그 마음조차 죄송해지는 순간이었다.

세상을 난타

대학 시절, 버스를 타고 오가는 길에 난타 극장이 있었다. 갈라질 듯 금이 가 있지만 힘 있는 글씨 'NANTA'가 흔들거리고 있었다. 어느 날 버스를 타고 지나치며 무심코 보다가 '이게 무슨 공연이지?' 하고 찾아봤다. 마구 두들기는 공연이었다.

한류 세계화의 시초인 〈난타〉를 제작한 송승환 감독은 〈난타〉 공연을 기획할 때부터 해외시장을 염두에 뒀다고 한다. 그래서 비언어(Non-verbal) 공연으로 기획을 한 것이다.

그의 예상은 적중했다. 세계 최대 공연예술축제인 영국 에든버러 페스티벌에서 최고의 찬사를 받았다. 미국 브로드웨이를 그야말로 난타하기도 했다.

생소하고 실험적인 비언어 공연에 우리나라에서는 물론이었고, 해외에서도 많은 사람이 열광했다.

그렇다. 그는 특별한 눈을 가진 사람이다. 그에겐 아무도 보지 못했던 걸 볼 수 있는 능력이 있었다.

좋은 사람

그에게 좋아하는 일을 오래 하려면 어떻게 해야 하냐고 묻자, 본인의 의지도 마음가짐도 중요하지만 함께하는 사람들과의 네트워크가 중요하다고 했다.

그가 나오는 방송들만 봐도 그의 곁에는 참 좋은 사람들이 많았다. 그를 늘 응원하고, 사랑하는 것도 느껴졌다. 주변에 좋은 사람들이 많다는 것. 그가 참 좋은 사람이라는 것의 반증이었다.

그는 어두움 속에서도 빛을 찾는 능력을 가졌다. 변화하는 상황에 따라 카멜레온처럼 변할 수 있는 사람이었다. 이제는 좋은 할아버지 역할을 하고 싶다고 한다. 〈목욕탕집 남자들〉의 그 젊은이가 묵직하면서도 부드러운 할아버지가 되는 모습이 참으로 기대된다. 그의 원더풀 라이프를 응원한다.

03
운명의 역설, 설화 속 주인공이 되다

사람에게는 각자의 아우라가 존재한다. 특히 자신의 분야에서 고수의 경지를 이룬 이들이 그 아우라를 발산할 때, 우리는 그들의 진면목을 목격하게 된다. 그날이 그랬다. 연극의 한 장면을 읊어주는데 그 아우라가 보였다. 그는 순간의 몰입력으로 약 60여 년이란 연기 경력을 한눈에 보여줬다.

그의 눈빛, 몸짓, 목소리에 담긴 시간의 무게가 순간 나를 압도하는 듯했다. 그것은 결코 하루아침에 이루어질 수 없는 것이었다. 60년이란 시간이 빚어낸 진정성, 그것이야말로 진정한 아우라의 본질일 것이다.

장애를 이긴 아우라

송승환은 1965년 아역배우로 데뷔해 연극, 방송, 라디오를 넘나들며 종횡무진 활약했다. 그의 예술혼은 거기서 멈추지 않았다. 연출가이자 제작자로 변신하며 제2의 전성기를 맞이했고, 그 정점에서 2018년 평창 동계올림픽 총감독이라는 새로운 도전을 성공적으로 이뤄냈다.

하지만 올림픽이 끝난 지 한 달, 그의 시력이 급격히 나빠지기 시작했다. 마치 오래된 설화 속 영웅이 온 힘을 다해 열정을 쏟아붓고 가장 소중한 것을 잃어버린 주인공처럼….

세상에는 피할 수 없는 운명이 있다. 송승환에게 평창 동계올림픽은 그런 운명이었다. 60년간 쌓아온 예술혼을 걸고, 그는 3년 6개월이라는 긴 시간 동안 자신의 모든 것을 쏟아부었다.

"올림픽이라는 존재감이 굉장히 컸던 것 같아요. 평생 한 번밖에 할 수 없는 일이니까 잘해야겠다고 생각했죠."

평생 단 한 번뿐인 기회, 그것은 두려움이자 설렘이었으리라. 하지만 그 앞에 놓인 현실적인 과제들은 만만치 않았다고 한다.

송승환: 추운 겨울, 야외 행사에서 펼쳐질 드론 공연이 가장 큰 걱정이었어요. 날씨 때문에 A안, B안, C안까지 준비했죠. 하지만 기적처럼 리허설 기간 중 단 이틀, 개회식과 폐회식 날에만 하늘이 맑았습니다. 정말 평창 동계올림픽은 하늘이 도와주신 올림픽이었어요.

이처럼 그는 모든 시나리오를 준비하고도 공을 하늘에 돌리며, 평창 동계올림픽을 '하늘이 도와주신 올림픽'으로 기억하고 있다. 하지만 평창의 기적은 그의 집념이 만든 걸작이었다. 그날의 날씨는 그의 치열한 준비와 노력에 대한 자연의 선물이었을 게다.

결국 그는 시각장애 4급을 받았다. 형체만 겨우 구분할 수 있을 뿐, 사람을 알아보려면 코앞까지 다가가 확인해야만 하는 시력이었다. 그렇지만 송승환은 여전히 새로운 이야기를 써 내려가고 있다. 도쿄·베이징·파리 올림픽 중계를 하고, 한국의 다양한 창작 콘텐츠를 해외에 소개하고, 새로운 연극 무대에서 다시 한번 관객과 소통을 계속하고 있다. 그의 존재는 우리에게 깊은 울림을 준다. 무대 위에서도, 그리고 삶이라는 무대에서도.

─ 〈이야기를 담다〉, 그 후 ─

무대 위 연극의 한 장면처럼

　인터뷰 당일, 제가 연극 〈더 드레서〉에 대한 이야기를 나눴던 장면이 기억에 남아요. 보통 인터뷰는 질문에 답변하는 형식으로만 진행되기 마련인데, 그날은 특별하게도 실제로 연극 〈더 드레서〉의 한 장면을 연기하는 경험을 하게 되었죠. 카메라 앞에서 짧은 장면을 연기하는 상황은 저에게도 매우 신선하고 독특한 경험이었습니다. 인터뷰가 단순한 대화가 아닌 하나의 '장면'으로 그려진다는 것이 무척 인상 깊었고, 오래도록 기억에 남을 것 같습니다.

　당시 연극 홍보로 많은 인터뷰를 진행했었지만, 〈이야기를 담다〉는 그중에서도 특히 편안하고 자연스러운 분위기 속에서 이야기를 나눌 수 있었던 프로그램으로 기억에 남습니다.

　인터뷰라는 건 결국 출연자가 얼마나 편안하게 느끼느냐에 따라

달라지는 법이잖아요. 그런 면에서 〈이야기를 담다〉는 출연자가 부담 없이 자신의 이야기를 진솔하게 꺼내놓을 수 있도록 따뜻하고 부드러운 분위기를 잘 만들어주셨습니다.

앞으로도 이 프로그램이 지금처럼 출연자들이 마음을 열고 편안하게 이야기를 나눌 수 있는 공간으로 오래도록 남아주었으면 좋겠습니다.

송승환

▶방송 다시보기

〈이야기를 담다〉 스페셜 컷

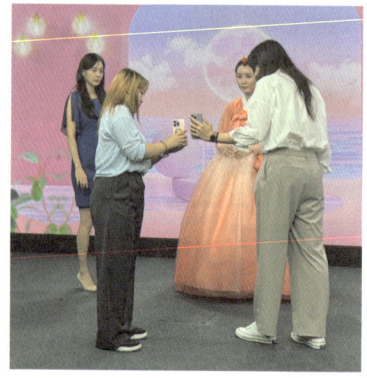

이담 앵커의 챌린지 도전기

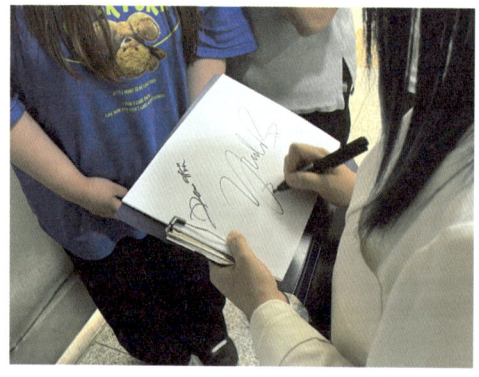

스태프들 줄 세운 슈스 윤하 등장

소원 성취! 록의 전설 김종서 사인

한국화가 김현정 폴라로이드 프레임

세뱃돈 주신 김종규 관장님

Part 6

내 것보다
네 것이 소중하다

차별 없는 세상 위해
함께 걷는 변호사

김예원 변호사

'0원짜리 변호사'로 불리는 김예원 변호사는 수임료 없이 장애인과 여성 인권 사건을 맡아오며, 정의로운 세상을 향한 길을 걸어왔다. 장애인권법센터를 설립한 그는 법률 지원은 물론, 제도 개선과 인권 교육까지 아우르며 전국 곳곳에서 활발한 활동을 이어가고 있다. '작은 실천이 큰 변화를 만든다'는 믿음으로 오늘도 정의롭고 따뜻한 사회를 만들기 위한 걸음을 멈추지 않는다.

01

천리안을 가진 의안 변호사

다산은 부의 상징이다. 아이 한 명 스스로 밥벌이할 때까지 키워내는 데 드는 비용이 만만치 않아서 생긴 말이다. 한국보건사회연구원이 발표한 자료에 따르면, 부모들이 자녀 한 명을 키우는 데 월평균 약 140만 7,000원, 연간 비용으로 환산하면 약 1,688만 원, 만 18세까지 양육한다면 자그마치 3억 3,000만 원이다. 학술적 계산이야 그렇지, 대학 들어가면 등록금에 유흥비에 취업 준비금까지, 그게 끝이 아니다. 결혼 자금 마련에 손주 돌봄 비용까지 따지면 부모 입장에서 출산은 마이너스 통장이다. 그런 점에서 김예원 변호사의 마이너스 통장은 무려 세 개다. 자녀가 셋이나 되니까.

"첫째 아이가 많이 아팠어요. 혈액암에 뇌 수술까지 했거든요. 그때 제가 셋째가 뱃속에 만삭이었는데, 힘든 일을 겪고 나면서 제

가 느끼는 건 매일매일이 기적이다."

세상 그 누가, 기적의 가치를 돈으로 매길 수 있겠는가! 그렇게 김예원 변호사는 우리가 흔히 추구하는 것 그 너머, 보다 더 소중한 가치를 좇았다.

"저는 수임료를 받지 않아요. 수임료를 받아본 적이 없어서 약정을 어떻게 하는지도 알지 못하는 변호사입니다."

수임료 개념을 모르는 의뢰인, 수임료조차 낼 수 없는 가난한 피해자들, 모두를 위해 그녀도 수임료를 버렸다. 돈으로 환산할 수 없는 그 너머의 가치를 보는 김예원 변호사, 한쪽 눈을 잃은 시각장애인이지만, 더 넓고 깊게 세상을 보는 그녀는 분명 천리안을 가졌다.

엄마는 무죄다

삼시 세끼, 법전엔 없지만 인간이라면 본능처럼 지키는 생존의

습관이다. 하지만 이 룰을 적용받지 않는 예외의 인간이 존재한다. 바로 아기다. 배고픈 아기의 식사 시간은 조절이 불가능하고, 수습을 못 하면 통제 불능이다. 배고픈 아기의 울음을 그 무엇으로 틀어막으랴. 그래서 엄마들은 24시간 수유에서 자유롭지 못하다. 김예원 변호사도 예외는 아니다.

"법정에서 젖을 먹이면서 재판에 참여한 적이 있어요. 가림막을 하고 젖을 물려놓고 토닥토닥하면서 변호를 했죠"

세상 모르고 젖을 빨던 생후 50일 된 아기, 법정에 간 최연소 방청객으로 기록될까? 포대기를 두르고 법정에 나와 법원 경찰을 놀라게 한 죄, 지엄한 법정에서 거침없이 단추를 푼 죄, 하지만 그녀의 모성은 무죄다.

02

안 되는 걸
되게 하는 변호사

에너지가 넘치는 사람들의 특징이 있다. 말이 빠르다는 것이다. 나도 말이 꽤나 빠른 편인데, 김예원 변호사는 한 수 위였다. 속사포처럼 인터뷰를 하고 나서야 깨달았다.

"저희 너무 말을 빠르게 한 것 같지 않아요?"

남들이 100 정도 이야기할 시간에 150을 담은 것 같아 좋기도 했다.

한다면 한다

김예원 변호사는 태어날 때 의료사고로 한쪽 눈을 잃었다. 그런 그녀가 시각장애인도 1종 운전면허 시험을 치를 수 있도록 법 개정

을 끌어냈다.

오래전, 2종 수동면허를 갖고 있던 그녀는 7년 무사고로 '1종 면허 갱신'을 하러 갔다. 서류 접수를 하고, 신체검사를 하던 중 시력검사 차례가 됐다. 한쪽 눈이 의안이라 밝히자, 담당자가 갑자기 서류를 죽죽 찢어버렸단다.

"한쪽 눈이 안 보이면 1종 면허 갱신이 안 돼요."

1종 면허 시험 자격은 '두 눈을 동시에 뜨고 측정한 시력이 0.8 이상, 두 눈의 시력이 각각 0.5 이상'이라고 한다. 김예원 변호사는 곧바로 법 개정을 위해 싸우기 시작했고, 결국 개정을 이뤄냈다. 무려 7년 만이었다.

1종 면허는 특히 생업이 걸린 경우가 많다. 그녀 덕에 이제는 한쪽 시력이 없는 사람들도 1종 면허에 응시할 수 있다.

하면 되니까

김예원 변호사는 장애인권법센터를 차려서 어려운 사람들을 대신해 싸우고 있다. 수임료도 받지 않는다.

"저는 착하지 않아요. 착하면 이 일을 못 했을 거예요. 일 자체가 싸움의 연속이거든요."

그녀의 취미는 다름 아닌 집안일.

"설거지는 하면 해결이 되잖아요."

아! 그렇다. 아무리 그릇이 많아도 설거지는 하면 결국 해결이 된다. 아무리 집이 너저분해도 정리하고 청소하면 결국엔 깔끔해진다.

"하면 해결이 되잖아요"라는 말에 많은 게 담겨있었다. 얼마나 힘든 싸움들이 많았겠는가. 그러니 시간이 얼마가 걸리든 '해결'이 되는 일에서 기쁨을 느끼는 거다.

하고자 하는 건 해야만 직성이 풀리는 김예원 변호사 덕에 세상이 더 살기 좋아지고 있다.

03

0원짜리 변호사,
PD님 땅에 묻어주세요!

자유를 준 0원

이 시대에 돈 한 푼 안 받고 변호사를 한다고? 가망 없다고 다들 고개 젓는 사건들만 골라서? 사람들은 그녀를 '0원짜리 변호사'라 부르지만, 사실 그녀에겐 '가망 없는 사건도 기사회생시키는' 특별한 주특기가 있다. 무엇이 그녀를 이 길로 이끌었을까?

김예원: 경제적으로 어려운 분들도 많았고, 수임료 때문에 하고 싶은 사건을 놓치고 싶지 않았거든요. 제가 의미 있는 일에 시간을 온전히 쓰는 자유를 준 거죠.

변호사 생활 중 가장 용기가 필요했던 순간은 재판정에서 어릴 적 의료사고로 다친 자신의 인공안구를 직접 보여준 일이다. 평생 가족에게도 보이지 않았던 모습이었다.

김예원: 다섯 살밖에 안 된 아이가 계부한테 폭력을 당해 한쪽 눈이 없어지는 장애를 입게 되었어요. 제 인공안구를 빼서 보여드렸죠. 아이가 지금 제 이 눈 상태랑 똑같습니다.

이 말과 함께 아이가 겪을 어려움과 세상의 차별을 절박하게 설명했다. 그 진심은 통했고, 가해자는 엄벌을 받았다. 그 용기 있는 행동은 한 아이의 정의를 세웠다.

저를 땅에 묻어주세요

법정 싸움만이 그녀의 전부는 아니다. 장애인 제도 개선 활동에도 힘쓰고, 인권 교육도 한다. "정치하셔야겠는데요?"라는 질문에, 그녀는 웃으며 말한다.

"제가 정치한다고 하면 PD님이 저를 땅에 묻어주세요."

거창한 타이틀보다 직접 만나 함께 해결하는 '현장'이 더 소중하다. 사람들과 '이거 문제 아니야?'라며 연대하고 싸우는 것. 그녀의 변호 철학은 '해결사'가 아닌 '동반자'였다. 고통받는 이들이 힘을 되찾도록 지지하는 역할. 그 안에서 그녀는 변호사로서, 한 사람으로서 살아가는 '재미'를 발견한다.

열심히, 치열하게 살아온 자신에게 해주고 싶은 말이 있냐는 질문에 그녀는 잠시 생각하더니 답했다.

"지금처럼 재미있게 살자."

이는 단순히 어려움을 외면하겠다는 게 아니다. 힘든 순간 속에서도 긍정적인 의미를 찾고, 작은 재미라도 발견하며 앞으로 나아가겠다는 깊은 다짐이다.

녹화가 끝나고 곰곰이 생각해보게 된다. 대체 어떻게 저렇게 밝고 긍정적일 수 있지? 나 자신을 되돌아보며 질문을 던져본다. "나를 죽이지 못하는 것은 나를 더 강하게 만든다"는 니체의 말처럼, 어쩌면 그 변호사님도, 그리고 힘든 세상과 부딪히는 우리 모두도 그 역설적인 길 위에서 단단해지고 있는 건 아닐까.

> ─ 〈이야기를 담다〉, 그 후 ─
>
> # 내가 걷는 길에
> # 불을 밝혀준 시간

그날 인터뷰는 제게도 특별한 시간이었습니다. 사건과 법, 그리고 제 일상의 이야기를 처음부터 끝까지 차분히 풀어낼 수 있었던 드문 자리였고, 덕분에 "나는 왜 이 일을 계속하고 있는가?"라는 질문과 다시 마주할 수 있었습니다.

돌아보면 가장 기억나는 질문은 왜 기부도 받지 않고, 유료 사건도 병행하지 않으면서 혼자 무료 법률사무소를 운영하며 공익 사건만 하느냐는 물음이었습니다. 사실 저도 그 지점에서 몇 날 며칠 고민했었어요. 기부를 받거나 유료 사건을 함께 맡으면 경제적으로 훨씬 수월해질 수 있다는 걸 잘 알고 있었으니까요.

하지만 저는 저의 나약함을 누구보다 잘 간파하고 있었기에 돈을 받는 사건과 받지 않는 사건이 나란히 놓인다면 결국 돈을 받는

쪽에 더 많은 시간을 쏟게 될 거란 걸 알았던 것 같아요. 그래서 아예 처음부터 모든 사건을 공익 사건으로만 하기로 마음먹었습니다. '덜 벌더라도 더 집중하자.' 그 결심이 지난 2012년부터 지금까지 이 일을 하는 원동력이 되었던 것 같습니다.

이 길 위에서 만나는 사람들 중에는 자신이 피해를 입었는지도 인식하지 못하는 경우도 많습니다. 장애나 고립된 환경으로 인해 폭력에 익숙해져 버린 삶을 살아온 분들을 마주하면, 그 눈빛 하나에도 오래 머물게 됩니다. 그럴 때는 법보다 앞서서, 먼저 사람으로 다가가야 하고 무엇보다 '기다림'이 필요하다는 걸 수없이 많은 사건들을 통해 배웠습니다.

당장 해결하려 들기보다는 함께 시간을 보내고, 세상을 다르게 볼 수 있다는 것을 함께 체험하며, 그 사람의 속도에 맞춰 걷는 일이 얼마나 중요한지 그간의 시간이 가르쳐준 가장 큰 교훈이기도 합니다.

말할 수 없는 이들의 목소리를 대신 전하겠다는 다짐, 그 마음을 다시 새기게 해준 시간이었습니다. 앞으로도 더 많은 이들의 이야기를 따뜻하게 담아주는 이 프로그램의 여정에 깊은 응원을 보냅니다.

김예원

▶방송 다시보기

위기의 청소년을 품다,
훈훈한 아빠 미소

명성진 세품아 이사장

위기 청소년들과 함께 생활하며 '두 번째 기회'를 만들어온 명성진 이사장은 가정폭력과 방임 속에서 길을 잃은 아이들에게 따뜻한 어른이 되어주고 있다. 자립을 위한 창업과 음악 교육 등 다양한 시도를 이어가며 사회 복귀를 돕고 있으며, 아이들이 가장 힘들 때 가장 필요한 건 '경청'이라는 신념 아래, 상처받은 마음에 공감하며 관계 회복을 위한 동행을 이어가고 있다.

01

주홍글씨를 지우다

미국 작가 너새니얼 호손의 소설 《주홍글씨》. 주인공이 간통죄를 지은 죄인으로 낙인찍혀 강한 비난과 차가운 시선 속에서 살아가는 가혹한 시대의 이야기다. 그 주홍글씨는 단순한 형벌을 넘어 사회적 낙인의 상징이 되었다.

우리나라에도 '가출 청소년'이라는 사회적 낙인이 존재한다. 2021년 법률상 '가출 청소년'이라는 용어가 '가정 밖 청소년'으로 바뀌었지만, 이들이 '문제아'라는 낙인은 여전하다.

"한 번 실패할 수 있고 실수할 수 있는데, 그 실수를 통해 다시 성장하고 배워가고 커갈 수 있는 기회가 없는 세상이라면 너무 슬프잖아요. 근데 그런 기회를 잃어버린 아이들이 많이 있습니다."

명성진 이사장은 청소년들이 다시 시작할 수 있도록 돕는 '세컨

드 찬스'를 강조했다. 사실 끼리끼리 단순 내기를 해도 삼세판이 존재하거늘, 두 번째 찬스가 뭐 대단한 특혜일까?

감염이 되었다 나으면 면역력이 생기고, 상처가 났다 회복되면 굳은살이 박인다. 그것은 더 이상 주홍글씨가 아니라 더 건강하고 더 단단하게 성장할 수 있다는 인생 면역력의 상징이자 성장률의 징표다. 포기하기엔 너무 어리고, 방치하기엔 가능성이 아깝다. 채 다듬어지지도 않은 다이아몬드를 쓰레기통에 내다 버릴 것인가! 그것이 명 이사장이 집 밖을 나간 청소년들을 챙기고 보듬는 이유다.

세품아식 선순환

연락 끊긴 친구가 갑자기 전화할 땐, 딱 두 가지 이유다. 돈을 꾸거나, 청첩장을 주거나!

명성진 이사장에게도 그런 친구들이 있다.

"경찰서에 있을 때 연락하고, 탄원서 쓸 때 전화하고, 가출했을 때 밥 먹여달래고, 사고 쳐서 문제가 있을 때 연락을 해요."

필요할 때, 급할 때만 찾고 뒤처리를 떠넘기는 아이들이 얄미울 법도 하다. 하지만 명 이사장은 진짜 친구가 되는 과정이라고 말한다. 그 관계는 세월 속에 무르익고 서로에게 없어서는 안 될 존재로 자리 잡기 때문이다.

"그 아이들이 지금 30세가 넘었고, 그 아이 중에 한 명은 제가 주례를 섰어요. 그리고 그 아이의 아내는 우리 세품아의 선생님이 됐지요."

버림받고 버려지는 악순환을 깨고, 보듬고 다듬어지는 세품아식 선순환. 그것이 명성진 이사장이 이끄는 세품아, '세상을 품은 아이들'의 존재의 의미이자 가치다.

02 절대적 존재, '가족'이 되어준 목사

똥 밟았다

명성진 목사는 이 일을 시작하게 된 계기를 말할 때 이 표현을 쓴다.

"똥 밟았다."

명성진 목사는 어느 날 교회 근처에서 아이들이 싸우는 걸 보곤 뜯어말렸다. 다친 곳을 닦아주고, 국밥도 한 그릇씩 사줬다.

"그래, 어려운 일 있으면 나한테 전화해."

예의상 한 멘트에 진짜 전화가 왔다. 경찰서에서 보호자에게 전화하라니까, 부모는 무서웠던 모양이다. 목사님에게 전화를 한 거다. 그게 시작이었다.

아이들이 가출하면 밥 먹여달라고, 사고 치거나 문제가 생기면 해결해달라고 연락을 하더라는 것이다.

명성진 목사는 '똥 밟았다'는 표현을 쓰면서 싱글벙글했다. 밟아도 기분이 좋았던 것 같다.

본드 대신 밴드

본드에 중독된 아이들이 있었다. 아이들을 본드로부터 구출해야 했다. 중독을 다른 열정으로 대체시켜 주려 그가 생각해낸 건 음악이었다. 음악은 국가가 허용한 유일한 마약이라는 우스갯소리도 있지 않은가.

명성진 목사는 원래 음악을 즐겼다. 그렇게 본드를 하던 아이들과 밴드를 결성했다.

그들은 음악으로 하나가 됐다. 함께한 아이들 중 6명은 대학 실용음악과에 합격을 했다. 과거 아이들을 재판했던 판사에게 이 소식

을 알리려 전화를 했다. 판사도 자기 일처럼 좋아하며, 함께 공연을 하나 기획했다. 법원에서 콘서트를 하게 된 것이다.

그중 한 아이가 공연에 앞서 인사말을 했다.

"제가 이 자리에서 공연할 줄 몰랐습니다."

두 번째 기회를 잡은 아이의 말이었다.

세품아라는 큰 가족

두 번째 기회를 주고 다시 구해내도, 또다시 수렁으로 들어가는 아이도 있었다. 아니, 그런 어른도 있었다. 이제는 성인이 되었는데도 잘못이 반복되는 것이다.

"아픈 손가락이죠. 어떡해요. 품어야죠."

가족이 아니고서야 할 수 없는 일이었다. 그는 아이들의 가족이었다.

명성진 목사는 이 일을 언제까지 하게 될까?

"내 새끼들인데 언제까지가 어디 있나. 그저 새끼들이 좀 많을 뿐이지."

03

'헐', '대박'
소중한 그 한마디

녹화가 시작되기 전, 인터뷰를 제안받고 한참을 고민했던 그의 속마음부터 꺼내신다.

"사실 몇 년간 언론 노출을 피해왔었어요."

이사장님이 다시 세상 밖으로 나온 계기는 아이들과 함께한 유튜브 영상이 200만 뷰를 넘어서면서였다.

"아… 우리 아이들 이야기에도 공감하는 사람이 있구나."

그 단순한 깨달음이 그를 다시 움직였다. 외면받고 손가락질당하던 '아픈 손가락' 같은 아이들의 이야기에 귀 기울이는 사람들이 있다는 사실이 그에게 용기를 주었다고 한다.

비극적인 환경이 만든 '괴물'들

명성진: 뉴스를 통해 접하는 충격적인 청소년 범죄 소식에 '애들이 아니다'라는 비난이 쏟아지는 것을 보면, 한편으로는 가슴 아프고 다른 한편으로는 그들의 절망에 대해 깊이 생각하게 돼요.

아이들이 잘못을 저지르고도 쉽게 '반성'하지 못하는 차가운 현실. 그들에게 '반성'이란 개념 자체가 낯선 것은, 태어나 단 한 번도 제대로 존중받거나 귀하게 여겨진 경험이 없기 때문이라고 했다.

아버지가 휘두른 칼에 목을 다쳐 피 흘리는 아이를 직접 병원에 데려가고, 폭력 부모로부터 도망쳐 추위 때문에 옥상에서 불을 피우다 방화범이 된 아이들을 마주하고 '아, 집이 아이들에게 지옥이 될 수 있구나'라고 생각했다고 한다.

처참한 환경 속에서 존중받지 못하고, 사랑받지 못하고, 안전하게 보호받지 못했을 때, 아이들은 타인의 아픔에 공감하고 자신의 잘못을 되돌아보는 능력을 배우지 못한 채 세상이 두려워하는 '괴물'처럼 되어갔다.

괴물을 움직이는 '헐', '대박'의 힘

수십 년간 거리의 아이들을 만나며 이사장님이 터득한 가장 중요한 소통 방식은 '들어주는 것'이었다. 하루 종일 고된 사역에 지쳐 단내가 나도, 저녁이면 자신의 이야기를 쏟아내는 아이들 앞에서 그는 그저 누워 들었다. 길고 복잡한 조언 대신, 그저 짧은 리액션 몇 마디만 건넸다.

"헐~", "대박~", "우와~"

그런데 놀랍게도 아이들은 그를 '제일 재밌는 어른'이라고 했다. 왜? 보통 어른들은 아이들 이야기를 중간에 끊고 훈계하기 바빴지만, 그는 그저 묵묵히 들어주고 공감해줬기 때문이다. 그의 작은 리액션과 질문은, 그들에게 '너희도 존중받을 가치가 있다'는 것을 가르치는, '괴물'이 되지 않도록 막아주는 첫걸음이었던 것이다.

부모가 아이들과 진정으로 소통하려면 잔소리 대신 '듣는 것'만으로도 많은 문제가 해결된다는 그 말씀은, 비단 부모와 아이의 관계뿐 아니라 우리 모두에게 필요한 지혜가 아닐까.

> 〈이야기를 담다〉, 그 후
>
> # 시작은
> # 믿는 시선에서부터

    인터뷰 중 '가장 기억에 남는 선물'에 대한 질문이 잊히지 않습니다. 저는 목사라는 직업 특성상 사람들의 시선을 의식하게 되고, 특히 빨간색 반바지 같은 옷은 꺼려지곤 합니다. 그런데 세품아 초창기 시절 함께했던 한 아이가 "목사님, 이제 그런 시선에서 좀 벗어나세요"라며 그 반바지를 선물해준 적이 있었습니다. 그 기억이 다시 떠올라 참 많은 생각을 하게 됐습니다. 어떤 질문이냐보다, 그 안에 담긴 시선과 배려가 저를 되돌아보게 만든 소중한 경험이었습니다.

    방송을 통해 꼭 전하고 싶었던 메시지는 "아이들은 안 변하는 게 아니라 못 변하는 거다"라는 말입니다. 많은 사람이 변화하지 않는 아이들을 보며 '안 바뀐다'고 쉽게 판단하곤 하지만, 실제로는 아이들이 변화하고 싶어도 방법을 모르고, 자신을 넘어설 대안이 없어

반복해서 넘어지는 겁니다. 마치 중독처럼 계속 끌려가죠. 그 안에서 '이렇게 살고 싶지 않다'는 마음이 있음에도 불구하고 계속 미끄러지는 아이들입니다. 그렇기 때문에 이 아이들에게 꼭 맞춰진 교육과 돌봄이 필요합니다. 자존심이 상해서 도움을 요청하지 못하는 아이들에게, 반복되는 실패 끝에 방어적으로 굳어버린 아이들에게 작더라도 성공을 경험하게 하고, 그 과정 속에서 조심스럽게 작은 용기를 심어주는 것이 중요합니다.

    물론 그 과정에는 시간이 걸리고 많은 자원이 필요합니다. 하지만 아이들의 속도에 맞춰 배움과 돌봄을 제공하면, 믿기 어려울 만큼 놀라운 변화가 일어날 수 있습니다. 지금의 행동이 아무리 거칠고 혼란스러워 보여도, 그 아이를 바라보는 우리의 시선이 바뀌는 것에서부터 변화는 시작된다고 믿습니다.

명성진

▶방송 다시보기

절대 빈곤 막는
절대 반지

김혜경 지구촌나눔운동 이사장

김혜경 이사장은 지구촌나눔운동을 통해 저개발 국가의 자립과 지속 가능한 성장을 돕고 있다. 국제개발협력, 교육, 제도 개선 등 다양한 활동을 이끌며 현장에서 연대의 힘을 실천해온 그는 나눔과 배려, 연대를 바탕으로 세상과 소통해왔다. 케냐 장애인 의족 지원, 베트남 암소은행 등 지역 맞춤형 프로젝트로 실질적 변화를 이끌었으며, 기업과 정부, 시민사회 협력을 강조하며 ESG 가치를 실천하고 있다.

01
결초보은의 품격

　세상 밑바닥 인생을 산, 근본도 모르는 사람들에 대한 최악의 평판을 꼽으라면 나는 이 정도다. 에미 애비도 모르는 놈, 빌어먹을 놈, 배은망덕한 놈. 애비고 에미고 천륜을 저버린 놈은 빼고, 나에게 최악의 인간상은 배은망덕한 놈이다. 배은망덕한 놈이 최악인 결정적인 이유는 '남을 위한 노력과 희생을 결과적으로 의미 없는 시간 낭비'로 만들어버리기 때문이다.

　6·25 한국전쟁 이후, 우리나라는 원조를 받는 나라였다. 우리의 할머니 할아버지는 그때 그 시절 학교에 가면 여름엔 레몬주스, 겨울엔 탈지분유, 그리고 가끔 건대추, 크리스마스에 초콜릿을 급식으로 받았다. 많지는 않아도 주린 배를 달래는 정도는 됐다고 했다. 심지어 그 맛이 그립다고도 했다.

시간이 흘러 우리는 원조를 하는 나라가 되었다. 그 중심에 김혜경 이사장이 있었다.

"베트남, 몽골부터 시작해서 지금은 동티모르라든가 미얀마 난민이라든가 케냐, 루안다까지 약 13개 나라에 원조 활동을 하고 있어요. 글로벌 경제 정의는 절대 빈곤의 문제더라고요."

경제 대국이 된 대한민국이 저개발 국가의 아픔에 공감하고 지구촌 가난한 이웃이 자립하도록 돕고, 지속 가능한 발전을 지원하는 일, 모두를 대신해 김혜경 이사장이 챙기고 있었던 것이다.

"베트남에 30~40가구 암소를 사주면 공동으로 관리할 수가 있거든요. 암소를 키워 3년 후에 갚아요. 그렇게 시간이 가면 모두 암소 주인이 되죠."

우리가 받은 건 초콜릿이었지만, 암소은행을 통한 성장 시스템을 만들어 보답하는 김 이사장, 그 덕분에 대한민국은 배은망덕하지 않은 나라, 결초보은을 아는 품격 있는 나라가 되었다.

02
멋지게보다는 솔직하게

그런 사람이 있다. 잘 모르지만 친해지고 싶은 사람, 인생에 조언을 구하고 싶은 사람.

김혜경 지구촌나눔운동 이사장님을 만나기 전, 난 그런 생각이 들어 만남이 참 설렜다.

한 영상에선 본인을 이르는 키워드 5개를 얘기했는데, '모범생, 골동품, 워커홀릭, 현모양녀, 인내심'을 꼽았다. 원칙을 지키고 고지식해서 모범생, 골동품이라 불린다고 했고, 스스로를 워커홀릭이라 했다. "양처는 아닌 것 같고 부모님에겐 잘했으니 양녀"라고 웃으며 말했다.

솔직했고, 단단해 보였다. 품위 있는 유머를 갖췄다. 시쳇말로 '쿨 향'이 솔솔 풍겼다. 그 내공은 어디서 나오는 걸까?

빈곤을 역사로

지구촌나눔운동은 1998년 시작된, 지구촌의 가난한 이웃의 자립을 돕는 단체다. 가난한 이웃을 단순히 물질적으로 돕는 게 아니라, 교육과 소득 증대를 통한 자립을 지원한다.

가장 유명한 사례는 베트남의 암소은행 사업이다. 저소득층 농촌 가정에 소액대출을 해줘 암소를 구입하게 한다. 소를 잘 키우면 송아지들이 나오고, 그럼 소값을 다시 돌려줄 수 있게 된다. 3년 내 상환율이 90%를 넘는다고 한다.

그럼 그들은 그냥 구호금을 받은 게 아니라 내가 잘 키워서 내 재산이 생겼다는 생각이 든다. 초기 자본을 빌려줘 돈을 버는 방법을 체험하고 스스로 살아갈 수 있게 해주는 시스템인 셈이다.

이 지구촌나눔운동의 창립 멤버 중 한 명이 바로 김혜경 이사장이다. 김 이사장의 최종 목표는 다름이 아니라 지구촌나눔운동 단체가 없어지는 거라고 한다. 이 단체의 슬로건이 '빈곤을 역사로 만

들자'는 것이다. 지구촌 모두가 빈곤하지 않은 그날이 와서 이 단체가 없어질 날을 기대한다는 뜻이었다.

운명 속 최선

김혜경 이사장은 아이가 셋이라 하셨다.

원래 하고자 하는 다른 일이 있었지만, 아이를 셋이나 낳게 됐고, 남편이 미국에서 학업을 이어가게 돼 미국에 함께 머물게 됐다. 이후 하고자 하는 일보다는 아이를 키우면서도 가능한 일을 택하다 보니 이런 일들을 하게 됐다고 했다.

미국에서 아이들을 키우면서 자원봉사를 하다 인권·사회 문제에 관심을 갖게 됐고, 그게 사회운동으로 이어진 것이다. 특히 절대 빈곤층, 인간다운 삶을 살지 못하는 사람들에 대한 고민을 했고, 그 고민이 지금 일의 시작이 됐다.

안 되는 일을 억지로 하지 않고, 운명이 정해주는 길 안에서 가장

현명한 선택을 한 그녀는 그 이야기마저 멋지게 만들지 않고 솔직하게 해줬다.

그런 김혜경 이사장에게 행복이란 무엇이냐 물으니, 소박한 일상을 즐기고 소박한 나눔을 할 수 있는 거라 말했다. 참 닮고 싶은 어른이다.

03

가장 역설적인 성공의 길

한 사람의 인생 궤적은 예상치 못한 곳에서 시작되기도 한다. 김혜경 지구촌나눔운동 이사장의 삶이 바로 그랬다. 지구촌 곳곳의 가난하고 소외된 이웃들을 위해 30년 넘게 헌신해온 그녀의 길, 그 시작은 놀랍게도 'ATM기'였다.

1982년, 미국 길거리에서 처음 본 ATM기는 젊은 김혜경에게 신선한 충격을 주었다고 한다. 전화박스 같은 기계에서 돈이 나오는 그 모습에 미래를 읽은 그녀는 컴퓨터학 공부를 시작했다. 모두가 부러워할, 숫자가 오가는 최첨단 성공의 길이 눈앞에 열리는 듯했다. 하지만 그녀는 그 길을 가지 않았다. 아이 셋 엄마라는 현실적인 이유도 있었지만, 그녀는 기술 발전보다 더 거대한 변화, '사회 변화'라는 다른 가능성에 눈을 돌렸다.

김혜경: 1995년 북경 UN 세계여성대회를 갔었어요. 세계 빈곤 문제와 인신매매를 당하는 여성들의 현실을 마주하며, '우리나라도 이런 일에 이제 나서야 되지 않겠나' 하는 생각을 굳혔어요.

그렇게 IT 전문가 대신 '사회 변화 전문가'라는, 더 크고 복잡한 시스템을 바꾸는 전문가가 되기로 한 것이다.

우리의 목표는 '소멸'

30년. 강산이 세 번 변할 시간 동안 이사장은 지구촌 곳곳의 소외된 이웃들을 위해 헌신했다. 베트남의 암소은행 외에도, 캄보디아의 여성 자립 지원 프로그램, 아프리카 지역의 식수 개선 사업, 그리고 국내 취약계층 아동 교육 지원 등 다양한 프로젝트를 성공적으로 이끌었다. 그리고 그 정점에는 듣는 이에게 묵직한 울림을 주는,

역설적인 목표가 놓여 있었다. 지구촌나눔운동 같은 개발 NGO의 궁극적인 목표는 "우리 같은 단체가 없어지는 것"이라는 김혜경 이사장의 말.

왜 단체가 없어지는 것이 목표일까? 전 세계의 빈곤 문제가 해결되어 더 이상 NGO의 도움이 필요 없게 되는 날이 오는 것, 자신들의 존재 이유가 사라지는 것, 그것이 바로 그녀가 30년 넘게 땀 흘려온 활동의 최종 목적지였던 것이다. 이게 바로 그녀의 삶 중 가장 강력한 임팩트 아닐까. 개인적인 성공이나 조직의 성장을 넘어, 오직 '세상의 변화' 그 자체에 모든 것을 걸고 나아가는 이의 위대한 역설이다.

IT 전문가의 길에서 사회 변화 운동가로, 그리고 마침내 단체의 '소멸'을 꿈꾸는 역설적인 리더로. 그 끝에는 가장 이타적이고 역설적인 '소멸'이라는 목표가 있었다. 그녀의 삶은 우리에게 묻는다. 당신의 성공은 무엇을 향하고 있는가? 무엇이 사라지는 세상을 꿈꾸는가?

> ─〈이야기를 담다〉, 그 후─
>
> # 도전에서 피어난
> # 연대의 힘

　따뜻한 진행 덕분에 친구와 대화하듯 편안하게 진심을 전할 수 있었던 뜻깊은 시간이었습니다. 많은 질문들 중에서 '가장 어려웠던 순간과 극복 과정'에 대한 질문이 특히 인상적이었습니다. 이 질문을 통해 제 인생의 도전적 시간들과 그 과정에서 만난 소중한 인연들을 다시 한번 되돌아볼 수 있었습니다. 제 경험과 지금 지구촌나눔운동을 통해 하는 일이 나눔의 소중함을 알고 있거나 알고 싶은 분들에게 길을 찾아가는 방법이 되길 바라는 마음으로 진심을 담아 답변했습니다.

　방송에서도 다루어졌지만, 특별히 강조하고 싶은 것은 '도전이 지구촌을 행복하게 하는 일로 이어지는 용기'와 '함께하는 협력의 가치'입니다.

함께하는 행복 파트너들이 많아지고, 신뢰가 쌓여갈수록 그 관계는 더욱 견고해지고, 그것이야말로 지속 가능한 발전의 힘이 된다고 믿습니다.

〈이야기를 담다〉는 단순한 성공 스토리가 아닌, 그 이면의 고민과 성장, 그를 통해 습득하게 되는 삶의 철학, 그리고 지나온 시간 속에 얻게 되었던 소중한 경험을 나눔으로써 그 가치가 더욱 빛나게 합니다. 과거가 현재를 행복하게 하고 미래에 희망을 갖게 하는 이번 인터뷰가 시청자 여러분께도 의미 있는 시간이 되었기를 바랍니다.

김혜경

▶방송 다시보기

차이는 있어도 차별은 없다, 이주민의 보디가드

이정호 성공회 신부

이정호 성공회 신부는 이주노동자와 한센병 환자 등 사회적 약자의 삶에 깊이 스며들며, 연대와 돌봄의 실천을 이어왔다. 한국 최초의 이주노동자 지원센터를 설립해 쉼터·교육·의료까지 폭넓게 지원해온 그는 신분증 없는 이주민에게도 최소한의 권리가 보장되도록 힘썼다. '나도 사람입니다'라는 절박한 외침이 존중받는 사회를 만들기 위해 그는 지금도 현장을 누비며 공존의 가치를 전하고 있다.

01
이정호 신부의 덩칫값

나는 종교가 없다. 하지만 새삼 하나님의 전지전능함에 탄복한다. 성경에 어떻게 이런 예언적인 말씀과 지혜를 담으셨을까?

> 너희 땅에 함께 사는 외국인을 괴롭히지 마라. 너에게 몸 붙여 사는 외국인을 네 나라 네 사람처럼 대접하고 네 몸처럼 아껴라.
> - 레위 19장 33-34절

바야흐로 이주민 270만 시대다. 구태여 다민족 국가인 미국으로 시선을 돌리지 않아도 우리나라의 이주민 숫자는 공식 집계되지 않은 이주민까지 포함하면 300만 명. 시간이 지날수록 세계는 더 좁아지고 한 국가의 구성원은 더욱 다양해질 것이다.

하지만 우리는 이주노동자를 비자 없는 이들이라며 '불법체류자'라고 못 박았으며, 때리고 욕하고 임금까지 떼어먹는 일을 서슴지 않았다. 그 사이에서 폭력을 말리고 떼인 임금을 받아주던 열혈사제가 바로 이정호 신부다.

"방독면 쓰고 일할 곳에서 양말 쓰고 일하는 노동자들을 봤어요. 체불도 많고. 욕지거리에 두들겨 맞던 분들이 하나둘씩 성당으로 찾아왔어요."

50명이면 꽉 차는 성당에 무려 300명이나 되는 이주자들이 찾았다고 한다. 다치고 지친 몸을 이끌고 마음의 평온함을 얻고자 함이지만, 이 신부는 마음의 평온은 기본, 체불임금까지 덤으로 찾아주는 이른바 든든한 '이주노동자의 앞잡이'가 되었다.

"체격이 크고 욕지거리도 잘한다, 흉흉한 소문이 많더라고요. 그건 오해예요."

흉흉한 소문보다 훈훈한 나눔을 전한 이정호 신부. 큰 체격만큼 큰 그릇엔 아직도 더 담을 게 많다.

02
이주민들의 진정한 father

이정호 신부의 인터뷰를 보다 피식했다.

"어느 출입국관리소장이 붙여준 '외국인 노동자 앞잡이'가 더 나아요."

본인을 부르는 말로 '외국인 노동자 앞잡이'가 마음에 든다는 거였다.

그들을 품는 아버지

이정호 신부는 외국인 노동자 인권 보호를 위해 30년 넘게 활동해온 분이다.

그의 가족은 모두 미국, 캐나다로 이민을 갔다고 한다. 그의 가족

역시 먼 땅에서 '이주민'인 것이다. 그냥 이주민으로서의 삶도 힘든데, 불법 체류하며 열심히 사는 이주민들의 삶이 얼마나 고통스러울지를 더 잘 이해할 수 있다고 했다.

이정호 신부는 이주노동자에 대한 노동 착취, 폭력, 임금 체불을 해결하는 데 도움이 되기 위해 노력해왔다. 심지어는 직접 현장에 가서 싸우기도 한다니 그 모습이 잘 상상이 되지 않았는데….

눈앞에 마주한 이정호 신부님은 생각보다 키도 골격도 크셨다. 그제야 그 에피소드들이 상상이 됐다. 내내 털털한 웃음을 짓고 계셨지만, 화내면 꽤 무서우시겠단 생각이 들었다. 동시에 이주민들에겐 정말 든든한 신부님이겠다 싶기도 했다.

이정호 신부에겐 별명이 많다.

도깨비 신부, 이주노동자의 대부, 파더 콜롬보.

콜롬보는 이정호 신부의 세례명이다.

천주교에 바탕을 둔 이주노동자들이 그를 '신부, 대부'라는 뜻으로 파더(father)라 부르기 시작했다고 한다. 하지만 그들을 품어주는 그를 향한 파더라는 말에는 분명 '아버지'라는 의미도 있으리라.

존중을 바탕으로 한 배려

이주노동자들 중엔 다른 종교를 가진 사람들이 많을 터인데 그는 개종을 권하지 않는다.

"종교적 신념이 강한 사람들에게 개종을 시도하는 것은 정신을 도둑질하는 것과 같습니다."

그는 그들의 원래 삶을 존중하며 필요한 곳에 손을 뻗어주는 멋진 아버지다.

받은 만큼 건네는 마음

그가 처음 도왔던 한센인이 이주노동자를 위해 목소리를 내는 일도 있었단다. 고용주들이 이주노동자들을 부당 대우하는 일에 한센인들이 직접 그들을 찾아가 항의해주기도 했었다는 것이다.

그들 사이엔 차별에 대한 공감대가 있었다.

"한센인이 이주노동자를 위해 헌금을 내는 일에 눈물을 흘렸습니다."

그가 돕던 사람들이 그가 돕는 사람들을 돕고 있다. 이제는 다 같이 만들어가고 있는 것이다. 그 중심엔 이정호 신부가 있다. 또 손사래를 치며, "내가 다 한 게 아니다"라며 하하하 웃으시는 신부님의 모습이 그려진다.

03
웬수 같은 신부의 기적

　이정호 신부님을 소개할 때 흔히 따라붙는 수식어는 '이주노동자의 대부' 혹은 '해병대 출신 열혈사제'다. 하지만 그는 '대부'라는 말이 부담스럽다고 손사래 친다. 그 역할을 잘 못 하는 것 같아서란다. 신학교 시절 음악 때문에 힘들었다는 인간적인 모습이나, 누구한테 주먹질해본 적 없는 '착한 사제'라는 항변 속에서도 약한 이들을 위해 기꺼이 싸우는 그의 '성깔'은 숨겨지지 않는다.

　이정호: 이주자가 연행될 때 경찰, 출입국 직원들하고 치고받고 하다가 대로에 넉다운된 적도 있어요. 심지어 시위 중 교회 신도에게 맞아 코뼈가 부러진 적도 있지만, 할 소리는 해야 되는 것 아닌가 생각했어요.

'나도 사람입니다' 가장 슬픈 교과서

"저는 신부지만 솔직히 성깔 있습니다"라고 말하는 신부, 그는 왜 코뼈가 부러져가면서까지 싸우는 것일까? 신부님이 이주노동자들을 위해 운영했던 한국어 교실에서 가르쳤던 내용이 충격적이었다.

이정호: 옛날 한국어 교재 내용에 '사장님 나도 사람입니다. 월급 주세요', '사장님 나빠요. 때리지 마세요'가 있어요.

이게 한국어 교실에서 배워야 할 내용이라니.
'저도 사람입니다'라고 외쳐야 하는 현실이 얼마나 슬프고 비인간적인지. 신부님은 그 당연한 인간 존엄성을 위해 싸우신 거다. '한국어 교실'이 아니라, 그들에게는 '삶의 교과서'였던 것이다.

웬수 같은 신부의 기적

신부님의 끈기와 진심이 만들어낸 가장 놀라운 이야기는 아마 병원 관련 일화일 것이다. 건강보험 없이 아픈 이주노동자들을 데리고 병원을 얼마나 다니셨을까. 처음엔 병원에서도 "웬수 같은 신부가 또 환자를 데리고 왔네" 소리를 들었다고 했다. 치료비를 못 내 서약서만 쌓이고, 외상값이 무려 7,000만 원까지 쌓였으니 상상만 해도 막막한 상황이었다.

이정호: 병원장님이 이주노동자들을 도와준 것이라는 얘길 듣고 7,000만 원을 면제해주셨어요. 그다음부터는 병원에서 "신부님 어서 오세요" 했죠.

처음의 '웬수' 취급에서 '신부님 어서 오세요'로. 불가능해 보였던 벽이 무너지고 환대가 이어진 이 극적인 변화는, 꺾이지 않는 진심이 얼마나 강력한 힘을 발휘하는지 보여주는 게 아닐까. 돈으로 셈할 수 없는 가치가 만들어낸, 작은 기적일 것이다.

방송 녹화가 끝나고 감사 인사를 전해온 출연자는 이정호 신부님이 처음이었다. "덕분에 샬롬의 집을 더 알릴 수 있게 됐어요. 방송 보내면서 더 많이 도와달라고 해야겠어요"라는 그의 말에, 나도 모르게 "제가 더 도울 일 있으면 이야기해주세요"라고 답했다. 대단한 일을 한 것도 아닌데, 진심이 느껴지는 감사함에 괜히 내가 착한 일을 한 것 같았다. 그러면서 동시에 부끄러움과 반성이 뒤섞인 복잡한 감정이 밀려왔다. 나는 과연 약하고 소외된 이들을 위해 기꺼이 내어줄 용기가 있는가. 타인의 아픔에 진심으로 공감하고 손 내밀고 있는가. 차별 없는 세상을 향한 그의 발걸음처럼, 나 또한 내가 서 있는 곳에서 작은 변화를 만들어갈 수 있을지 스스로에게 묻는다.

─ 〈이야기를 담다〉, 그 후 ─

다르지만 동등하게, 우리가 함께 살아갈 이유

　촬영일 당시 우리 사회는 충격과 긴장이 감도는 시간을 지나고 있었고, 샬롬의 집은 방글라데시에서 열릴 국제 청소년 캠프 '청다말 캠프'를 준비하느라 하루하루가 분주했습니다. 한편에서는 불안과 혼란을 마주하고, 다른 한편에서는 국경을 넘어 이해와 우정을 나누려는 청년들과 함께 미래를 준비하고 있던, 복합적인 현실 속에서 인터뷰에 임하게 되었습니다.

　가장 깊이 남은 건 "누구나 사람이다"와 "이주노동자에 대한 한국 사회의 책임은?"이라는 질문이었습니다. 그 말을 듣는 순간, 머릿속에 제도나 숫자는 하나도 떠오르지 않았습니다. 대신 수많은 얼굴들이 하나하나 또렷이 떠올랐습니다.

　비닐하우스에서 겨울을 견디는 이들, 퇴직금은커녕 월급도 다 못

받고 말없이 떠났던 친구들, 단속을 피해 늘 숨어 지내야 했던 이들, 끝내 고향에 돌아가지도 못한 채 생을 마감한 사람들…. 그 얼굴들을 떠올리는 순간, 가슴 깊은 데가 아릿해졌습니다. 그들의 이름과 얼굴을 기억하는 일, 그건 제게 깊이 새겨진 책임이었습니다.

방송을 마치고 함께 짊어져야 할 더 큰 이야기까지 충분히 전하지 못해 아쉬웠습니다. 그럼에도 제가 꼭 전하고 싶었던 메시지는 분명합니다.

"다르지만 동등하게, 즉 다름은 틀림이 아니며, 다름은 우리가 함께 살아갈 수 있는 가능성이다."

국적, 피부색, 언어 이전에 인간으로서의 존엄은 누구에게나 동등하게 주어져야 합니다. 이 땅에서 살아가는 이주민들이 존중받을 때, 우리 사회 전체가 더 나아진다고 믿습니다.

이정호

▶방송 다시보기

감동의 '가발투혼',
재활 국가대표

이지선 서울재활병원 원장

26년간 재활의료 외길을 걸어온 이지선 원장은 재활의료의 개척자로, 환자의 삶을 깊이 들여다보며 전인격적 치료를 실천하며 재활의 새로운 길을 열어왔다. 의료는 단지 기능 회복이 아니라 삶을 회복하는 일이라 믿으며, 환자와 가족이 함께 성장하는 병원을 만들어온 그는 '재활은 다시 사는 것'이라는 신념 아래, 새로운 병원 건립을 꿈꾸며 보다 포괄적이고 혁신적인 재활의료를 준비하고 있다.

01
결핍의 정서

"나는 아직 배고프다."

거스 히딩크 감독의 명언이다. 이겨도 이겨도 늘 허기가 진다는 그의 말에, 축제 분위기였던 2002년 한일 월드컵 당시 사람들은 잠시 숙연해졌다. '일본은 16강전에서 탈락했고, 우리는 살아남았다'라며 안도하고 너무 빨리 만족해버린 한국 선수들과 한국인들에게 경종을 울렸던 그 말, 아마도 이지선 원장도 같은 마음이었을까?

"많은 일을 했지만 아직도 부족한 것 같아요. 우리 환자들, 우리 아이들, 우리 가족들이 필요한 것이 아직도 많이 있거든요. 결핍의 정서가 저를 이끄는 것 같아요."

환자들을 위해 무언가 해주지 못한 것 같은 결핍의 정서는 성심으로 하는 치료의 원동력이 되었고, '만족하지 못한다'라는 부족함

의 정서는 책임감을 지탱하고 사명감을 북돋았다. 그런 허기와 결핍을 채우려니 이 원장은 늘 분주할 수밖에. 치료뿐 아니라 재활, 교육까지 하려니 몸이 열 개라도 부족하다.

"뇌성마비 청소년들이 기차를 타고 강릉에 가자고 해서 우리 의료진들과 선생님들이 함께 강릉에 다녀왔어요. 다양한 환경에서 접하는 경험은 또 다른 치료가 되거든요."

이지선 원장의 치료는 병원에서의 의료행위로 한정하지 않는다. 때로는 집이, 때로는 강릉 앞바다가 병원이 된다. 소독약 냄새나는 병원을 벗어나 사람 냄새나는 세상을 보여주는 이 원장, 그녀가 허기질수록 환자들은 배가 부르다.

02
좋은 땅에서 자란 나무 그 열매

날개 없는 천사

뻔한 말을 하고 싶진 않았는데, 클래식한 이 말이 참 적절하다. 이지선 원장은 천사 같았다.

"원장님, 진짜 천사세요?"

이지선 원장의 인터뷰가 끝나고 우리 제작진들이 한 말이다. 이야기를 나눈 걸 지켜본 것만으로도 은혜 받은 느낌이 들 정도라며, 인간 세계의 사람 같지 않다고 입을 모아 말했다.

책에는 원장님의 음성이 담기지 않아 아쉬울 정도다. 지금 책을 읽는 독자들에게 인터뷰 영상을 찾아보길 권하고 싶다.

가끔 자연의 향기가 너무 진하게 나거나, 새소리가 과하게 아름답게 들리면 '이거 진짜 맞아? 만든 거 아니야?' 할 때가 있지 않나. 그 정도였다.

나무 조직도

이지선 원장이 이끄는 서울재활병원의 조직도는 거꾸로다. 병원장이 가장 아래에 있다.

이지선 원장은 부원장의 제안으로 조직도를 뒤집고는 마음이 편해졌다고 했다. 어느 날 조직도를 바라보는데 이런 생각이 들었단다.

'리더들은 뿌리구나. 각 부서는 나뭇가지구나.'

리더가 나무의 뿌리와 같으니, 환자를 돌보고 치료하는 의료진과 실무진들이 뿌리에 있는 미션과 비전을 빨아들여서 각 조직으로 뿜어줘야 탐스러운 열매가 맺히고… 그 열매를 환자와 그 가족들이 먹을 수 있다는 것이다. 뿌리는 보이지 않는 땅 밑에서 생명의 진액을 끌어모아 줄기와 가지에 영양을 공급해준다면서 말이다.

비옥한 땅에 내린 뿌리

25년 전 이지선 원장이 서울재활병원을 택했을 때, 재단 설립자가 두 가지를 약속해달라 했다고 한다.

"가난한 자를 돌려보내지 않겠다."

"세계 최고의 재활병원을 만들겠다."

가난한 자를 돌려보내지 말라는 말이 재단 설립자에게서 나오기는 쉽지 않다. 병원은 실제 운영이 되어야 하고 현실적인 문제가 있기 때문에 이런 원칙을 갖고 실행하는 건 말처럼 쉬운 일이 아니다. 그런 철학을 가진 사람이 바로 이 병원을 세운 분이다.

재단 설립자의 뜻이 스민 땅에 이지선 원장이 뿌리를 내렸다. 그리고 거기엔 잘 자랄 준비가 된 나뭇가지들이 각자 풍성하게 싹을 틔우며 뻗어나가고 있다.

이타성으로 뻗어나가는 나뭇가지들

이지선 원장은 직원들이 참 열정적이라고 몇 번을 말했다. 이상할 정도로 특별하다고도 했다.

"이타성이 이끄는 탁월성이다."

누군가는 서울재활병원을 두고 이렇게 말했다.

많은 일을 해오고 있음에도, 여전히 더 하고자 하는 열정과 책임감을 갖고 있다는 것이다. 역시 좋은 사람 곁엔 더 좋은 사람들이 모이는구나 싶었다.

환자를 위해서라면 별이라도 따다 주고 싶다는 이지선 원장. 일어나고자 하는 사람들에게 힘이 되고, 그와 함께 성장하고 있는 이지선 원장. 이런 선한 사람들의 능력이 더 인정받는 세상을 꿈꾼다.

03
다시, 살아간다는 것의 의미

재활이라는 단어를 들었을 때, 많은 사람이 부서진 몸을 고치고 기능을 회복하는 것만 떠올리곤 한다. 하지만 이지선 원장은 재활의 본질을 '다시 재(再)'에 '살 활(活)', 즉 '다시 살다'라는 것에 둔다. 단순히 몸만 고치는 것을 넘어, 한 사람의 고유하고 특별한 '삶'을 깊이 들여다보고, 그 삶 자체에 재활이 연결되어야 한다는 철학이다.

이는 환자가 원래 살았던 삶의 터전, 그 속에서 맺었던 관계와 꾸었던 꿈들을 되찾는 과정까지 포함한다. 그래서 아이들이 '학교로 돌아가게 하는 프로그램'이 그 병원에서 그토록 중요하게 여겨진다. 아픔으로 인해 학교를 떠나야 했던 아이가 다시 친구들과 함께 교실에서 웃고 배우는 것. 그것이야말로 진정한 의미의 '다시 살다'가 시작되는 순간이기 때문이다.

작은 영웅

　로아라는 작은 영웅의 이야기가 이를 잘 보여준다. 뇌경색을 앓았던 초등학생 로아가 퇴원하기 전, 병원팀은 학교를 먼저 찾아갔다. 로아에 대한 자료를 잔뜩 들고 학교까지 찾아온 의료진의 모습에 학교 측은 "왜 오셨어요?"라며 당황했다고 한다. 하지만 그런 노력이 있었기에 로아가 학교로 돌아갔을 때 친구들의 따뜻한 환영을 받을 수 있었고, 로아는 그곳에서 '작은 영웅'으로 불릴 수 있었다. 재활은 그렇게 병원이라는 공간을 넘어 삶의 현장으로 확장될 때 비로소 완성되는 이야기다.

전두탈모, '뭣이 중헌디'

　그런가 하면 '다시 살다'라는 의미는 가장 개인적이고 힘든 순간 속에서도 발견된다. 이지선 원장이 코로나 때 극심한 스트레스로 머

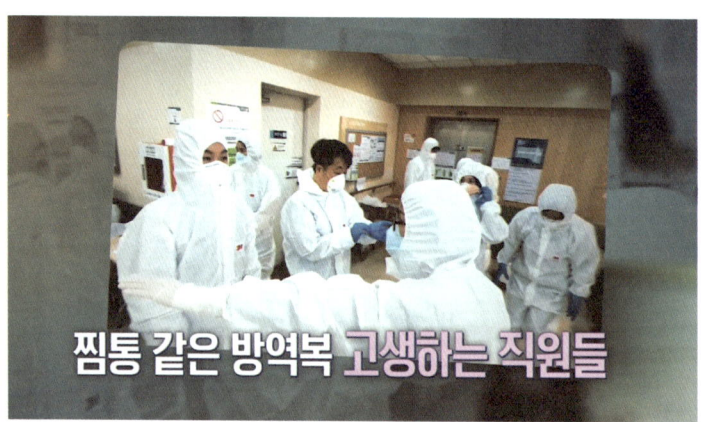

리카락이 전부 빠지는 전두탈모를 겪었다는 고백은 내 가슴에 단단한 깨달음을 주었다.

이지선: 사실 머리털 빠진 게 우선순위가 아니더라고요. 삶의 목적이 더 큰 데 있으니까. 병원에서 소중한 것을 더 발견하고 더 감사하고 더 사랑하면서 다시 살자 생각했어요.

힘든 상황 속에서 외모 같은 것에 마음 쓰기보다 삶의 더 큰, 결국 '다시 살다'라는 것은 단순히 무너진 몸의 기능을 회복하는 물리적인 과정을 넘어, 어떤 상황 속에서도 삶의 의미를 찾고, 역경 속에서 귀한 것을 발견하며, 감사와 사랑으로 스스로를 일으켜 세워 나아가는 내면의 여정일 것이다.

병원에서의 재활이든, 인생의 고난 속에서든 그 본질은 삶의 뚜렷한 목적을 붙잡고 '나는 다시 살아갈 거야'라고 다짐하며 희망을 향해 나아가는 용기에 있는 것이 아닐까?

─ 〈이야기를 담다〉, 그 후 ─

함께 걸어온
시간을 담다

저는 처음부터 이 프로그램의 제목, 〈이야기를 담다〉가 참 좋았습니다. 촬영 전에 다른 분들의 방송을 들으며, 그분들의 삶이 조용히 제 마음에 말을 걸어오는 듯한 경험을 했습니다. 진솔한 이야기는 마음을 울리고, 사람과 사람 사이를 따뜻하게 이어주는 힘이 있다는 걸 새삼 느꼈습니다.

한 사람의 인생처럼, 조직도 태어나고 자라며 때로는 아픔을 지나 성숙해가는 존재라고 생각합니다. 장애인을 위한 전문 재활병원으로 출발한 서울재활병원이 걸어온 지난 27년의 여정을 되돌아보니, 조직도 인생처럼 고난의 계절을 지나며 더 본질에 가까워지고, 존재 이유와 사명이 더욱 선명해졌다는 것을 이번 인터뷰를 통해 다시금 느낄 수 있었습니다. 그리고 부족함이 많았던 제가 고군분투,

좌충우돌의 시간을 지나며, 조직과 함께 저 역시 '리더'로 성장해왔다는 것을 새삼 깨달으며 함께 걸으며 인내해준 동료들에게 참 고마운 마음이 들었습니다.

재활병원은 어쩌면 인생의 겨울 같은 시기에 머무는 공간일지도 모릅니다. 하지만 긴 겨울 끝에 마른 가지에서 새싹이 돋아나듯, 그 안에는 다시 일어서려는 소망과 생명력이 매일 자라고 있습니다. 땀과 눈물, 기다림이 어우러져 새로운 삶을 향한 이야기가 날마다 피어납니다.

다가오는 초고령 사회에서 재활의료는 우리 모두를 위한 중요한 사회적 안전망이 될 것입니다. 의료, 복지, 돌봄이 긴밀히 연결되어 사람 중심의 지역사회 돌봄 체계를 만들어가는 일, 그 여정 속에 서울재활병원은 우리 모두를 위한 새로운 의료의 모델을 만들어가고자 합니다.

이지선

▶방송 다시보기

실천으로 완성한 기도,
희망을 틔우는 밀알

홍정길 밀알복지재단 이사장

홍정길 이사장은 장애인을 위한 통합적 복지 시스템을 구축하며, 밀알복지재단과 밀알학교, 굿윌스토어를 설립하고 교육·자립·일자리까지 아우르는 지원 체계를 만들어왔다. 장애 자녀를 둔 가정의 삶을 깊이 이해하는 그는 '졸업 이후'를 고민하며 지속 가능한 지원의 길을 모색해왔다. 임종이 가장 아름다운 순간이 되길 바란다는 그의 고백에는, 삶의 끝까지 '함께 사는 세상'을 위한 헌신이 담겨 있다.

01

모두를 위한 해피엔딩

    나의 이웃사촌은 발달장애인이다. 정확한 나이는 가늠하기 어렵지만 20대 초반, 건장한 체격을 가진 남성이다. 그 남성은 우리 동네 그 누구보다 일찍 일어나 기상을 알리고, 동네 어귀를 지나는 모든 행인들에게 아침 인사를 돌린다. 씩씩하고 싹싹하다.

    하지만 그의 뒤엔 표정 잃은 한 사람이 따른다. 바로 남성의 어머니다. 신이 난 아들과 달리 어머니는 풀이 죽었다. 걸을 땐 앞도 보지 않고 발끝만 본다. 장애아를 돌본다는 것, 처음은 당연한 모성이었겠으나 그 모성에도 한도가 있었으리라. 철모르는 아들과 미래를 모르는 어머니. 무너지고 있는 한 가족의 뒷모습을 보았다. 홍정길 이사장도 그 부분에 공감했다.

    "갈라진 부모들이 많이 생기고, 3년 전에는 22층에서 어머니가 뛰어내려서 슬픈 장례식을 치른 기억이 있어요. 발달장애는 그저 어려운 게 아니라 부모의 목숨과 직결돼요."

발달장애인들이 어릴 때부터 귀에 못이 박히도록 듣는 소리가 있다.

"꼼짝 마!"

일어서도 안 되고, 얼굴을 한쪽으로 돌려서도 안 되고, 어딜 걸어가도 안 된다. 그래서 갇혀 사는 아이들이 많다. 그래서 어두운 곳으로 들어가 숨어 있길 좋아한다. 가둬두는 부모도, 갇혀 있는 아이들도 모두가 비극이다. 이런 비극을 막기 위해 홍 이사장은 꾸준한 발달장애인 교육이 필요하다고 말한다. 글을 가르치고 예절을 익혀 사회에 적응시키는 일, 아이들에게 곁을 내주고 볕을 받게 하는 일, 그것이 자신의 소명이라고 말한다. 서로를 가두지 않고 갇히지 않는 순간, 홍 이사장과 발달장애인 가족 모두가 꿈꾸는 해피엔딩이다.

반쪽짜리 아버지

이 세상에서 말과 글로 표현할 수 있는 가장 슬픈 단어가 있다. '만약 ~했더라면 좋았을 텐데…'다. 두 글자로 '후회'다. 나를 향한 끝없는 불만이 스스로에 아픈 상처를 내는 그 말, 하지만 우리는 누구나 후회하며 산다. 홍정길 이사장도 마찬가지다.

"아들의 결혼식 전날, 평생 나와 살면서 가장 어려웠던 일이 뭐냐니까 애가 갑자기 방성대곡을 해요. 어렸을 적에 아빠 얼굴을 본 기억이 없대요. 나도 울면서 사과했어요."

어린 아들에게 홍 이사장은 반쪽 아버지다. 같이 보낸 시간도 절반, 같이 찍은 사진도 절반, 추억도 절반이다. 부정(父情)에 공백이 생겼으니 후회가 크다. 하지만 만약 그 시간을 장애인과 이웃들에게 쏟지 않았더라면 어땠을까? 어린 아들의 통 큰 양보가 온 세상을 희망으로 꽉 채웠다. 고마운 아버지에 더 고마운 아들이다.

02
생존을 넘어 더 나은 삶을 위해

푸근한 카리스마

홍정길 밀알복지재단 이사장은 나의 학창 시절 교회의 스타 목사님이셨다. 나의 절친들은 목사님을 통해 신앙을 배웠고, 덕분에 올곧게 자랐다고 이야기하기도 했다. 올해 초 엄마는 예배를 마치고 나오다 목사님을 만나 악수했다며 자랑하기도 했다.

어릴 적, 나는 목사님과 같은 아파트에 살았다. 목사님은 어스름한 저녁 빛에 사모님과 산책하시거나, 쓰레기를 버리러 나오시기도 했다. 인사드리면 특유의 푸근한 미소로 답해주셨던 기억이 난다. 그런 목사님을 인터뷰하다니 감회가 남달랐다.

슬픈 졸업식

홍정길 이사장의 밀알복지재단의 시작은 교육이었다. 자폐, 정신지체 등 발달장애아를 위한 밀알학교를 지었다.

5~6세 어린아이가 밀알유치원에 입학해, 18~19세가 되면 밀알학교 졸업을 한다.

졸업식 날은 축제 같아야 하는데, 밀알학교 졸업식은 세상에서 가장 슬픈 졸업식이라 한다.

13년 교육하고 졸업을 시켜도, 졸업 이후 아이들은 집에만 있게 된다는 것이다. 몸은 커졌는데 아직 아이나 다름없으니 24시간 오롯이 이를 감당하게 되는 부모들은 너무 힘들다. 가정이 무너지는 일도 다반사다.

그래서 아이들이 성인으로서 사회에 발을 디딜 수 있도록 졸업 이후의 환경을 만들어주기 시작했다.

그게 바로 '굿윌스토어'다. 굿윌스토어는 개인, 기업으로부터 쓰

지 않는 물건이나 새 물건을 기증받아 팔고, 그 수익으로 장애인들에게 일자리를 주는 가게다. 그들이 자립할 수 있도록 자리를 마련해주는 곳인 셈이다.

살아가는 힘

"아이가 졸업과 동시에 취직을 했거든요. 눈물이 나요."
발달장애 딸을 둔 어머니의 말이다.
지난해 홍정길 이사장은 이 일을 통해 제38회 인촌상 교육 부문 상을 받았다.
"이 상은 장애인의 삶이 생존에서 삶으로 바뀌는 귀한 일에 제 생명이 닿을 때까지 헌신하라는 의미로 받겠습니다."
홍정길 이사장은 정서적·사회적 성장이 어려운 아이들을 교육하고 키워내 생존할 수 있게 만드는 걸 넘어, 그들이 더 나은 삶을 영위할 수 있도록 만들어주고 있었다.

03
걷지 못한 발자국, 밀알을 심다

홍정길 이사장의 삶과 사역은 한 사람, 바로 그의 소아마비 동생으로부터 시작되었다 해도 과언이 아니다. 이사장은 어린 시절 소아마비로 불편함을 겪었던 동생에 대한 이야기를 꺼냈다.

홍정길: 제 여동생이 소아마비를 앓았어요. 평생 제 힘으로 걸어보지 못한 인생을 살아요. 학교만 갔다 오면 슬퍼하고 좌절해요. 이불을 뒤집어쓰고 마치 죽은 사람처럼 식사도 안 하고, 그러면 부모님이 "내 죄 때문이다" 하셨죠.

하지만 동생은 장애에도 불구하고 비범한 아이였다. 당시 한국 사회에서 장애를 가진 사람이 제대로 교육받고 자립하기란 거의 불

가능에 가까웠다. 동생은 미국으로 건너가 놀라운 성취를 이뤄냈다. 이사장은 자랑스럽게 말한다.

홍정길: 하워드 유니버시티에 컴퓨터 사이언스를 전공하게 돼서 전액 장학금 받고 갔습니다. 하워드 대학을 졸업한 후에는 AT&T 같은 대기업에 취직했고, 회사 지원으로 존스홉킨스 대학원에서 석사 과정까지 마쳤어요.

한국에서 울기만 하던 소아마비 동생은 어떻게 미국에서 성공할 수 있었을까?

"미국은 남자보다 여자에게, 백인보다 컬러에게, 병약한 사람에게 가산점을 줘요."

소수자나 약자에게 기회를 더 주는 사회 시스템 덕분에 그의 동생이 능력을 발휘할 수 있었다는 설명이었다.

'어떡할래', 밀알의 시작

이사장에게는 큰 기쁨이었지만, 동시에 깊은 질문이 던져졌다.

"그래, 네 동생 일은 참 잘됐다. 그런데 너희 교회에 있는 장애 아이들은 어떡할래?"

이 깊은 부채감과 책임감은 그를 움직이는 강력한 동기가 되었다. 결국 그는 개척했던 교회를 사임하고 장애 아이들을 위한 학교 건립에 자신의 모든 것을 쏟아붓게 되었다.

밀알복지재단은 우리 사회에 장애인도 존엄한 존재로서 마땅히 일하고 자립할 수 있는 기회를 제공해야 한다는 강력한 메시지를 던지기 시작했다. 장애인 일자리 창출 '굿윌스토어'를 만들어 경제적 자립을 지원했고, '날개' 오케스트라처럼 문화·예술 활동을 통해 질을 높일 수 있도록 도왔으며, 다양한 유형의 장애인 모두가 각자에게 맞는 방식으로 자립할 수 있도록 폭넓게 섬기고 있다. 그의 발걸음이 만든 밀알이라는 기적은, 지금도 수많은 장애인들이 세상 앞에 당당히 설 수 있는 희망의 증거가 되고 있다.

홍정길 이사장의 이야기는 소아마비 동생의 삶에서 시작되어 우리 사회 전체에 "우리는 약자에게 어떤 기회를 줄 것인가?"라는 근원적인 질문을 던지고 있다.

― 〈이야기를 담다〉, 그 후 ―

이야기가 열어준
또 다른 길

〈이야기를 담다〉는 제가 전하고 싶은 메시지를 놓치지 않도록 질문을 세심하게 구성해주셨고, 진행 과정에서도 편안한 분위기를 만들어주셔서 진심을 담아 이야기할 수 있었습니다. 방송에는 시간의 제약이 있지만, 그 안에서도 꼭 전하고 싶은 이야기가 잘 전달되도록 도와주셔서 감사한 마음이 큽니다.

가장 인상 깊었던 질문은 발달장애인의 현실과 변화에 대한 부분이었습니다. 이 땅의 장애인들은 종종 '삶'이 아닌 '생존'을 이어가는 존재로 여겨지며, 특히 발달장애인은 오랫동안 가정과 사회에서 애물단지 취급을 받아왔습니다. 하지만 직업을 통해 이들에게 역할을 부여하자, 삶이 달라졌습니다. 굿윌스토어에서 함께 일하며 사회성이 확장되고, 그 변화는 국내외에서 주목받아 현재는 해외에서도 연구 논문이 나오고 있습니다.

인터뷰 이후, 굿윌스토어에서 근무하는 장애인 근로자가 100명 이상 늘어 총 420명이 되었고, 방송 이후 기증 물품도 전년 대비 70%나 증가했습니다. 수많은 가정이 그만큼 기뻐하고 있고, 그 반응은 큰 용기와 희망이 되었습니다. 이 프로그램은 그저 이야기를 전하는 자리를 넘어, 많은 이들에게 더 나은 삶을 위한 가능성을 열어준 시간이었습니다.

홍정길

▶방송 다시보기

진심을 담다

〈이야기를담다〉를 통해 정말 많이 배웠습니다. 각기 다른 분야의, 다른 세대를 경험한 분들을 만나서 이야기를 나눈다는 건 값진 기회였습니다. 그렇기에 그들의 인생을 열심히 공부했고, 공부하다 보니 스스로를 꾸짖게 되기도 했습니다.

방송의 시공간적 한계 탓에 이분들의 파란만장한 인생 이야기를 모두 담기엔 부족함이 있었습니다. 매주 아쉬움을 느끼던 중 책을 쓰게 됐고, 미처 다 담지 못한 이분들의 숨은 매력을 글로 담아낼 수 있어 책을 쓰는 이 기회가 정말 반가웠습니다.

한 분 한 분이 제겐 너무 귀했기에 진심으로 인터뷰에 임했고, 그분들의 표정과 눈빛이 모두 마음에 깊게 남았습니다.

모두가 인터뷰를 마치고 가시면서 참 좋았다고 말씀하셨습니다. 어떤 출연자는 "이렇게 진짜 이야기를 충분히 해보긴 처음이에요. 이런 자료들을 어떻게 다 모았어요?" 하고 고맙다 하셨고, "다른 방송하고 완전히 달라요. 깊이가 있었어요"라고 해주시는 분도 계셨습니다. "이야기 더 하고 싶은데 우리끼리 티타임 해요"라고 했던 출연자도 기억에 남습니다.

인터뷰를 하며, 책을 쓰며 그들의 인터뷰를 다시 곱씹으며 가장 많이 느낀 게 있었습니다.

그들은 정말 진심이었습니다. 자신이 하는 일에, 사랑에, 인생에 말입니다. 〈이야기를 담다〉에 임하는 자세마저 진심이었습니다. 그들의 진심에 또 한 번 뭉클했습니다. 다시 한번 정말 고맙습니다.

더불어 함께 글을 쓰며 그야말로 으쌰으쌰했던 〈이야기를 담다〉의 김수진 메인 작가와 메인 피디인 김원경 선배 덕분에 든든했습니다. 김미정 작가는 출연자분들의 후기를 담아주느라 참 고생했고, 센스 있는 부록으로 책에 재미를 더해줬습니다. 서주은, 김유진 피디도 함께 책에 들어갈 사진 기록들을 선별해주느라 수고했습니다. 방송 때마다 최선을 다해주신 감독님들의 얼굴도 떠오릅니다. 모두에게 감사 인사를 드립니다. 책을 써보라 제안해주셨던 정인철 매일경제TV 대표님께도 감사드립니다.

〈이야기를 담다〉를 기획할 때가 생각납니다. 진행자라면 누구나 해보고 싶은 게 바로 인터뷰 프로그램일 겁니다. 게다가 '이야기를 담다'라는 제목이 정해진 순간, 제 이름을 건 인터뷰 프로그램을 하게 돼 정말 감사하고 기쁘기도 했지만, 한편으론 어깨가 더 무거워졌던 기억이 납니다. 저도 이 프로그램에 더욱 진심으로 임했습니다.

모두가 한마음으로 참 진심이었습니다.

모두에게 진심으로 감사합니다.

아나운서 이담

모든 사람은 한 권의 책이다

6월 20일 첫 방송을 시작으로 42회의 특별한 여정이 펼쳐졌습니다. 책이 나올 수 있었던 건 아마도 뛰어난 섭외 능력 덕분이 아닐까 생각합니다. 1년여 동안 각 분야에서 최고의 경지에 이른 분들을 모시고 이야기를 나눴습니다. '이분들을 어떻게 섭외했지?' 싶을 정도로 귀하고 소중한 분들이 발길을 해주셨습니다.

한 분 한 분을 만나면서 '모든 사람은 한 권의 책이다'라는 생각이 들었습니다. 방송에서 다루지 못했던 이야기들과 그분들을 만났을 때 벅찼던 감정들을 글로 남기고자 했습니다. 우리가 만들어낸 특별한 시간이 이제 책으로 여러분을 찾아갑니다. 이 여정을 함께한 모든 스태프와 진심을 나눠 주신 게스트분들께 마음 깊이 감사의 마음을 전해봅니다.

'없는 자료도 만든다' 자료 찾기의 신이 된 서주은 피디, 말하지 않아도 알아~ '척하면 척' 센스쟁이 김유진 피디, 폭풍 섭외 전화 돌리면서 얼굴이 점점 빨갛게 달아올랐던 김미정 작가, 내공 만렙으로 게스트들 마음 술술 풀어내는 '인터뷰의 달인' 김수진 작가, '모르는 건 없다' 구글도 놀란 사전 취재의 여신 이담 아나운서.

미정 작가의 빨간 얼굴이 그렇게 예쁠 수가 없었습니다. 수진 작가의 구수한 입담은 탐이 났었고, 이담 아나운서의 취재력은 배우고 싶었고, 유진·주은 피디의 배려는 자랑하고 싶었습니다.

　잔칫날 손님을 모시는 것처럼, 그분만을 위한 상을 차리는 마음으로 녹화를 준비했었습니다. 녹화가 끝난 후, "다른 인터뷰와 느낌이 너무 달랐다"는 게스트들의 말씀 하나가 우리에겐 최고의 선물이었습니다. 그 잔칫상을 함께 차려준 스태프들과 기쁘게 즐겨주신 게스트분들 덕분에 우리의 여정이 더욱 풍성했습니다.

　귀한 분들을 소중히 담을 수 있어서 감사하고 감사했습니다.

김원경 피디

〈이야기를 담다〉를 만드는 사람들

기획 박찬정
기술 윤학균 이원규 권혁성
음향 이해성 김민철 김유정
카메라 이상협 박준영 임재민 권용현
촬영지원 다인미디어
편성 호예지
음악/믹싱 홀릭사운드
문자그래픽 진동욱 정성화
진행 이담
글/구성 김수진 김미정
조연출 서주은 임혜주
연출 김원경 김유진

이야기를 담다
멈추지 않은 도전, 세상을 바꾸는 이야기

초판 1쇄 2025년 6월 20일

지은이 김원경 김수진 이담
펴낸이 허연
편집장 유승현 **편집2팀장** 정혜재

책임편집 정혜재
마케팅 한동우 박소라
경영지원 김정희 오나리
표지디자인 김보현 **본문디자인** 푸른나무디자인

펴낸곳 매경출판㈜
등 록 2003년 4월 24일(No. 2-3759)
주 소 (04557) 서울시 중구 충무로 2 (필동1가) 매일경제 별관 2층 매경출판㈜
홈페이지 https://mkbook.mk.co.kr **스마트스토어** smartstore.naver.com/mkpublish
페이스북 @maekyungpublishing **인스타그램** @mkpublishing
전 화 02)2000-2641(기획편집) 02)2000-2636(마케팅) 02)2000-2606(구입 문의)
팩 스 02)2000-2609 **이메일** publish@mk.co.kr

ISBN 979-11-6484-786-0(03810)

ⓒ 김원경 김수진 이담 2025

책값은 뒤표지에 있습니다.
파본은 구입하신 서점에서 교환해 드립니다.